Ribana Schmidt

Feministische und ethische Pornografie

Ribana Schmidt

Feministische und ethische Pornografie

Revolution einer Branche oder Randerscheinung?

Tectum Verlag

Ribana Schmidt
Feministische und ethische Pornografie. Revolution einer Branche oder Randerscheinung?

ISBN 978-3-8288-4309-7
ePDF 978-3-8288-7243-1

Printed in Germany

Besuchen Sie uns im Internet
www.tectum-verlag.de

Bibliografische Informationen der Deutschen Nationalbibliothek

Die Deutsche Nationalbibliothek verzeichnet diese Publikation in der Deutschen Nationalbibliografie; detaillierte bibliografische Angaben sind im Internet über http://dnb.d-nb.de abrufbar.

„Porno ist nicht der Sex im virtuellen Raum. Selbst der reale Sex verwandelt sich heute in Porno."

Han, Byung-Chul: Agonie des Eros

Danke für die Geduld, die Kraft und die Zeit.
Christian, Laura, Toni, Moritz, Andreas,
Thomas und Mama.

Vorwort

Das Konzept „fairer", ethischer oder nachhaltiger Pornografie ist noch unbestimmt und umfasst eine ganze Reihe von – teils vagen – Ansätzen nsätzen und Zielen. Diese zu sortieren und einen Überblick über ein Genre und dessen möglichen Weg aus der Schmuddelecke zu liefern ist das Ziel der vorliegenden Publikation.

Pornografie ist eine der ältesten Mediengattungen. Pornografische Darstellungen reichen bis in vorantike Zeiten zurück und erstrecken sich auf viele Kulturkreise. Die Darstellung von Sexualität ist dabei immer auf Medien angewiesen: Zeichnungen, Texte, Fotografie und schließlich Video oder zukünftig Virtual Reality sind die Träger erotografischer Narrative. Die *Realität der Medien* (nach Luhmann) vermittelt dabei immer auch Vorstellungen der Medienmacher sowie Vermutungen und Spekulationen um die Vorlieben der Zuschauer.

Diese mediale Konstruktion der Pornografie erlaubt also einen Blick auf dahinterliegende Konzepte von Sexualität. Heteronormative Geschlechterklischees, die Objektivierung der Frau, die Darstellung herabwürdigender Sexualpraktiken oder die Fokussierung auf die männliche Lust in der Mainstreampornografie führen zu Ablehnung und der Forderung *PorNo!* Zudem trage die Flut an (Internet-) Pornografie zur „Pornografisierung von Gesellschaft" bei. Auch die Produktionsbedingungen in der Pornobranche – spätestens seit dem Aufkommen der Videoproduktionen und noch einmal verstärkt durch das Internet – sind Gegenstand von Diskussionen und häufig Anlass zur Kritik.

In jüngster Zeit gibt es Tendenzen, dieser Mainstreampornografie ein feministisches, sexpositives Narrativ gegenüberzustellen. Sowohl in den medialen Vermittlung als auch in der Produktion am Set selbst sollen ethische Standards gewahrt und überkommene Geschlechterklischees überwunden werden. Doch wie kann eine solche „Nachhaltigkeit" in der Pornoproduktion aussehen? Und wie ist die Relation von Produktion, Medium und Rezeption? Kenntnisreich und fundiert wird in der vorliegenden Studie der historische Bogen von den Anfängen des Adult Cinema bis heute gezogen, von *Deep Throat* (1972) zu den heutigen Tube-Seiten im Internet, von den Feminist Sex Wars zum Sex-Positive-Feminismus.

Ribana Schmidt wagt in ihrer bemerkenswerten Abschlussarbeit am Fachbereich Medien der FH Kiel einen unvoreingenommenen und doch feministisch geprägten Blick auf diese neuen Produktionen und stellt zu Recht Etiketten wie *feministischer Porno*, *Ethical Porn* oder *Female Friendly* auf den Prüfstand.

In einer stichprobenhaften quantitativen Befragung ermittelt Schmidt empirisch, was die Befragten – wenn überhaupt – mit diesen Labeln verbinden. Schließlich darf auch die Rezeptionsebene nicht vernachlässigt werden: Schmidt untersucht, ob analog zum bewussten nachhaltigen Konsum der LOHAS auch faire Pornografie einen fairen Preis erzielen könnte. Interviews mit Branchen-Insidern ergänzen eine spannende und – auch zwischen den Zeilen – erkenntnisreiche Binnenperspektive.

Ob es sich bei dem Trend zu nachhaltiger Pornografie um die Revolution einer Branche oder eine Randerscheinung – wie es im Untertitel der Arbeit heißt – handelt, lässt sich zu diesem Zeitpunkt noch nicht sagen. Die vorliegende Arbeit leistet aber in jedem Fall einen wertvollen Beitrag zur Begriffsbestimmung und als Grundlage einer zukünftigen Diskussion.

Christian Möller, Kiel, im Februar 2019

Inhalt

1. Pornografie 16

Rechtliche Grundlagen 17

Geschichtlicher Überblick 19

Pornografie und Gesellschaft 23

Internetpornografie 27

- Porno Tube-Seiten: „Wie im wilden Westen"? 28
- Die Firma Mindgeek 30
- Wie „Mindgeek" und Co. die Industrie veränderten 32
- Angebot, Kategorien und Suchanfragen 33
- Female Friendly 36

Geschlechterrollen in der Mainstream-Pornografie 38

Deep Throats Vermächtnis: Cumshots, Analsex und die pornografische Steigerungslogik 40

Sexuelle Revolution und Feminist Sex Wars 43

- PorNo! Stimmen für ein Pornografieverbot 45
- Entwicklungen zum Sex-Positive-Feminismus 48

2. Ethischer/feministischer porno als mediales konzept 52

Perspektiven alternativer Pornografie Produzent*innen 51

PorYes! Kriterien feministischer Pornografie 52

Feministischer Porno: Label oder Schublade? 54

Begriffsverwirrung: Erotika, Feministischer Porno, Ethical Porn oder Adult Cinema? 58

Ethical Porn 57

Vertrieb und Werbung 59

Probleme 60

Lösungsansätze 62

3. Öffentliche wahrnehmung ethischer und feministischer Pornografie 67

Inhaltliche Fragestellung, Versuchsplan und Methode 66

Häufigkeit des Konsums 71

Thematisierung in Freundschaften und Beziehungen 71

Erwartungen an einen guten Porno 74

Parallelen zu Feministischer/ethischer Pornografie 72

Bekanntheit der Label 73

Ein Vrgleich: Öffentliche Wahrnehmung der Label 74
Für Pornos bezahlen? 79
Bringt bewusste Ernährung auch einen bewussten Pornokonsum? ... 81

Expert*innen Interviews 82
Vorstellung der Expert*innen 83
Zielgruppe & Publikum 83
Kunst und Kommerzialisierung 84
Vorurteile und gegenseitiges Unverständnis 86
Laura Méritt über die öffentliche Meinung, PorYes und das Label „Feminismus“ 86
Die Zukunft des Pornos? 87
Methodenkritik 88

Schlusswort 89

Literaturverzeichnis 93

Anhang 97

Abbildungsverzeichnis

Abbildung 1: Restaurierte Wandmalerei aus Pompeji. 20
Abbildung 2: Screenshot der Kategorie „Beliebt bei Frauen“ auf Pornhub 36
Abbildung 3: Prozentuale Verteilung des Pornokonsums. 70
Abbildung 4: Private Thematisierung von Pornografie 70
Abbildung 5: Gründe für Pornokonsum 71
Abbildung 6: Erwartungen an einen guten Porno 72
Abbildung 7: Gegenüberstellende Darstellung der Bekanntheit der Label 73
Abbildung 8: Vorgegebene Antwotmoglichkeiten "Was verbindest du mit feministischer Pornografie?". 75
Abbildung 8: Freie Assoziationen "was stellst du dir unter feministischer Pornografie vor?“ 76
Abbildung 10: Auswertung der Ergebnisse, was die Befragten mit ethischer Pornografie assoziieren. 77
Abbildung 11: Freie Assoziationen auf die Frage „was stellst du dir unter ethischer, fairer oder nachhaltiger Pornografie vor?“ 78
Abbildung 12: Prozentualer Anteil an Zahlern vs. Nicht-Zahlern. 79
Abbildung 13: Prozentuale Verteilung der Bereitschaft Geld für Fair Porn auszugeben. 80
Abbildung 14: Bereitschaft der Probanden Geld für Fair Porn auszugeben in Abhängigkeit ihres Ernährungsstils. 81

Einleitung

Menschen mögen Sex. Dass es sich dabei weniger um den reinen Reproduktionstrieb handelt, sondern vielmehr um die Befriedigung eines körperlichen und geistigen Verlangens, beweist der hohe Verbrauch an Verhütungsmitteln, das „Sex Sells“ der Werbung und die zunehmende Verbreitung der Pornografie. Lange Zeit allerdings war die Sexualität das „stille Geheimnis“ der Gesellschaft.[1] Sie wurde seitens der Kirchen und des Staates nicht als anerkannte Form der Lustgewinnung geduldet, Masturbation und Homosexualität wurden als Auslöser schrecklicher Krankheiten dargestellt, Sex vor und außerhalb der Ehe unter Strafe gestellt. Doch den Sexualtrieb auszulöschen vermochte diese Tabuisierung nicht. Im Gegenteil hat sie ihn eher transformiert und befeuert.

Pornografie ist somit auch keine zufällig mit der Videokamera einhergehende Erscheinung. Bereits Höhlenmalereien konnten als pornografisch identifiziert werden. So entstanden mit jedem neuen Medium auch immer schon pornografische Werke, Bilder, Malereien und Geschichten. Die Filmkamera allerdings wurde zum Lieblingswerkzeug der Branche für Erwachsenenunterhaltung und machte den Porno massentauglich. Kurz danach schenkte das Internet ihr die perfekte Grundlage der Anonymität. Ohne Scham und Scheu konnten nun jegliche sexuellen Neigungen, Praktiken und Fetische konsumiert und distribuiert werden. Was vorher in Videotheken nur an Volljährige verkauft wurde, spätnachts im Programm mancher Fernsehsender lief oder als illegale Raubkopie unter der Ladentheke erhältlich war, wurde nun zu jeder Zeit und dank etlicher kostenloser Tube-Seiten quasi ohne Altersbeschränkung verfügbar gemacht. Heute ist Pornografie fester Bestandteil der globalen Kultur und Medienwelt: 25% der Suchanfragen im Internet sind sexueller bis pornografischer Art und die Seite „Youporn.com“ wird so oft aufgerufen wie Wikipedia oder Amazon. Medienphilosophisch wird von einer „Pornografisierung“ der Gesellschaft und besonders der Jugend gesprochen.[2]

Dass das Internet einem großen Datenmeer ähnelt, welches das Potential birgt, den Menschen gleichzeitig zu lesen und zu lenken, beweisen Big-Data-Analysen und Algorithmen. Hier setzten 2006 die ersten Porno-Tube-Seiten an: Daten in Form von „Traffic“ wurden zur Währung der Pornoindustrie. Konsument*innen schauen gratis, während die bereitstellenden Firmen an den extrem hohen Klickzahlen und Seitenbesuchen Geld verdienen. Das Konzept scheint aufzugehen, denn viele Porno-

1 In der Großzahl der Länder und Kulturen weltweit ist das freie Ausleben der eigenen Sexualität auch heute noch nicht möglich.

2 Schuegraf, Martina/Tillmann, Angela. Pornographisierung von Gesellschaft. Perspektiven aus Theorie und Praxis, Konstanz/München: UVK, 2012.

seiten sind in den oberen Rängen der weltweit meistbesuchten Webseiten zu verorten. Was viele nicht wissen ist, dass *eine* Firma beinahe den gesamten Pornomarkt kontrolliert und Mutterkonzern nahezu aller Branchengrößen wie „Pornhub.com", „Youporn.com", „Xhamster.com" usw. ist.

Kritische Stimmen behaupten, dass sich seit Aufkommen dieser Tube-Seiten die gesamte Branche verändert hat, die Löhne rapide gesunken und die gesamten Produktionsbedingungen brutaler und entwürdigender geworden seien.[3] Auch sieht sich die Pornoindustrie stets angeklagt, unrealistische, diskriminierende und sexistische Sexualpraktiken, Rollenbilder, Körpertypen und Lustprinzipien zu verbreiten und eine strikte und brutale Rollenverteilung in das männliche *Subjekt* und das weibliche *Objekt* zu zitieren.

Die Kritik an den im Porno vorherrschenden Geschlechterstereotypen entstand allerdings bereits im Laufe der „Sexuellen Revolution" der 60er Jahre. Diese verhalf der menschlichen Sexualität zwar im ersten Moment zur Befreiung aus der kirchlichen und staatlichen Kontrolle, wurde allerdings bereits nach einer kurzen Hochphase der „freien Liebe" seitens aufkommender feministischer Positionen scharf kritisiert. Es wurden Fragen aufgeworfen, welche bis dato keine Daseinsberechtigung hatten und Themen wie Sexismus, Gewalt und geschlechtsbezogene soziale Ungleichheiten zur Sprache gebracht. Dieser „Frühjahrsputz" der Geschlechterstereotype machte selbstverständlich auch nicht vor der männerdominierten Pornografie halt. Dabei teilte sich das feministische Lager in zwei Fraktionen: *Anti-pornografischer* Feminismus und *sex-positiver* Feminismus. Alice Schwarzer machte sich medienwirksam mit ihrer „PorNo!"-Kampagne für ein grundlegendes Pornografieverbot stark. Dies allerdings scheint in Anbetracht des geschichtlichen Hintergrundes und der sexuellen Begierde des Menschen unrealistisch. Was jedoch aus dieser radikalen Forderung entstand, war der „feministische Porno", welcher sich dem Mainstreamporno und seinen Mechanismen entgegenstellt und im Zuge dieser Abgrenzung eigene Kriterienkataloge aufstellt, um zu gewährleisten, dass die Darsteller*innen fair behandelt und bezahlt werden, ein weiblicher Blick auch hinter die Kamera tritt sowie sexuelle Gleichberechtigung und verschiedene Körpertypen und Lustprinzipien in den Fokus gerückt werden. Zu dieser Zeit des Feminismus wurde dementsprechend auch der Grundstein für die heutige feministische Pornodebatte gelegt. Die alternative und gleichberechtigte Pornolandschaft – aber auch das Missverständnis zwischen verschiedenen feministischen Positionen – würden ohne besagte „Feminist Porn Wars" heute nicht an diesem Punkt stehen.

Hier setzt die vorliegende Arbeit an: Neben dem Label „feministische Pornografie", dessen Kriterien zunächst zu klären sein werden, treten heute auch zunehmend Bezeichnungen wie „ethische Pornografie" oder „faire Pornografie" auf. Im

---

3 Ovidie: Pornocraciy, Frankreich: mindjazz, 2017, (00:10:40).

Verlauf dieser Untersuchung soll dementsprechend anhand einer quantitativen Onlinebefragung untersucht werden, ob diese Bezeichnungen nicht eher geeignet sind, einen realistischen Eindruck der verwendeten Kriterien zu vermitteln und einen möglichst großen Teil der Gesellschaft über alternativ produzierte Pornografie in Kenntnis zu setzen. Auch soll mithilfe dieser Befragung erforscht werden, welche generellen Erwartungen die Konsument*innen an einen Pornofilm haben und ob diese mit den Kriterien feministischer/ethischer Pornografie übereinstimmen.

Des Weiteren soll erörtert werden, inwieweit eine Bereitschaft besteht, für fair produzierte Pornografie Geld zu bezahlen und ob diese Bereitschaft ggf. mit anderen Dimensionen ethisch bewusster Lebensführung in Verbindung zu setzen ist. Im nächsten Schritt soll anhand von Interviews mit Expert*innen (d. h. Protagonist*innen dieser Szene) der Frage nachgegangen werden, inwieweit diese neuen Formate dazu geeignet sind, einen progressiven Einfluss auf den gesellschaftlichen Umgang mit Sexualität auszuüben. Dabei soll besonderes Augenmerk auf die Frage nach ihrem Bekanntheitsgrad gelegt werden, um in einem Ausblick ggf. entsprechende Potenziale für die Zukunft ausweisen zu können.

1. Pornografie

Das Wort Pornografie stammt vom altgriechischen ‚pornográphos' ab und besteht aus den beiden Elementen πόρνη („pónre"= dt. Hure) und γράφειν („gráphein"= dt. „schreiben"). Es bedeutet so viel wie „über Huren/Schund schreibend"[4]. Als sprachliche Umschreibung einer Darstellung des Sexuellen entstand der Begriff allerdings erst zwischen 1755 und 1857.[5]
Heute beschreibt der Duden sie als eine

> „Sprachliche, bildliche Darstellung sexueller Akte unter einseitiger Betonung des genitalen Bereichs und unter Ausklammerung der psychischen und partnerschaftlichen Aspekte der Sexualität."[6]

Der deutsche Sexualforscher und Soziologe Sven Lewandowski beschrieb 2012, pornografische Darstellungen machten im Allgemeinen deutlich, dass es in ihnen nicht um Liebe ginge. Konstruktiv sei vielmehr, dass sie mit dem romantischen Intimitätsdispositiv brechen würden und sich als treibende Kraft ihrer Akteure gerade nicht romantische Liebe, sondern sexuelles Begehren einstelle.[7]

Strafrechtlich wurde der Begriff 1973 ins Gesetzbuch aufgenommen und ersetzte damit den Begriff der „unzüchtigen Schrift". Der Gesetzgeber behielt es sich allerdings vor, den Begriff weiter zu definieren, um „eine Anpassung des Pornografiebegriffs an veränderte gesellschaftliche Wertvorstellungen zu ermöglichen"[8].

In der Rechtsprechung wird eine Schrift mittlerweile als pornografisch angesehen, wenn sie:

- Sexualität vergröbernd, aufdringlich, übersteigert oder anreißerisch darstellt;
- Ausschließlich oder überwiegend einen sexuellen Reiz auslösen oder den Sexualtrieb anregen soll;

4 Siehe https://www.duden.de/suchen/dudenonline/pornografie

5 Schuegraf, Martina/Tillmann, Angela. Pornographisierung von Gesellschaft. Perspektiven aus Theorie und Praxis, Konstanz/München: UVK, 2012, S. 22.

6 Siehe https://www.duden.de/suchen/dudenonline/pornografie

7 Lewandowski, Sven: Die Pornographie der Gesellschaft, Bielefeld: transcript, 2012, S. 195.

8 Schmidt, Anja: Pornographie - Im Blickwinkel der feministischen Bewegungen, der Porn Studies, der Medienforschung und des Rechts, Baden-Baden: nomos, 2016, S. 151.

- Wenn Sexualität überbewertet und ohne Zusammenhang zu anderen menschlichen Lebenswelten dargestellt wird, sodass die Menschen zum bloßen austauschbaren Objekt der Begierde degradiert werden, wobei spurenhafte gedankliche Elemente nur zum Vorwand für provozierende Sexualität genommen werden;
- Wenn die Grenzen der allgemeinen gesellschaftlichen Wertvorstellungen eindeutig überschritten werden.[9]

Allerdings ist die Einordung in pornografische oder nicht-pornografische Materialien anhand dieser Kriterien immer noch sehr schwierig, da sie, wie andere Darstellungen auch, subjektiv von den einzelnen Betrachter*innen und auch der Justiz bewertet und interpretiert werden.[10] „Ich weiß nicht, was es ist, aber ich erkenne es, wenn ich es sehe!“[11] Dieses, dem US-amerikanischen Juristen Potter Stewart zugeschriebene Zitat zeigt, welche Schwierigkeit die Einordnung mit sich bringt. Ob eine Darstellung demnach aufdringlich, anreizend oder provokant ist, ist schwierig allgemeingültig festzustellen, da vieles vom subjektiven Erfahrungsschatz und dem Verhältnis zur eigenen Sexualität des Betrachters/der Betrachterin abhängt. Des Weiteren lässt sich heute kaum noch feststellen, wo die Grenzen des allgemeingültigen sittlichen Anstandes verlaufen, da sich die sexuelle Moral mehr und mehr an sexueller Selbstbestimmung als an allgemeingültigen Sittlichkeitsvorstellungen orientiert.[12]

1.1 Rechtliche Grundlagen

Im Strafgesetzbuch werden die Pornografie betreffenden Verbote unter den Paragraphen §§ 184–184e geregelt. Das Gesetz entscheidet zwischen „einfacher Pornografie“ und „harter Pornografie“. Diese Unterteilung ist nicht mit den Genrekategorien Soft- und Hardcore-Porno zu verwechseln.[13] Einfache Pornografie bezeichnet demnach die Darstellung gewaltfreier sexueller Handlungen, während harte Pornografie gewalt-, tier-, jugend- und kinderpornografische Inhalte zusammenfasst.[14]

---

9 Schmidt, Anja: Pornographie - Im Blickwinkel der feministischen Bewegungen, der Porn Studies, der Medienforschung und des Rechts, Baden-Baden: nomos, 2016, S. 152.

10 Ebd.

11 Appelt, Markus: Medienpsychologie, Heidelberg: Springer, 2008, S. 167.

12 Ebd.

13 Schmidt, Anja: Pornographie - Im Blickwinkel der feministischen Bewegungen, der Porn Studies, der Medienforschung und des Rechts, Baden-Baden: nomos, 2016, S. 150 ff.

14 Vgl. ebd.

Laut Grundgesetz ist das Herstellen, Zugänglichmachen und Konsumieren von Pornografie durch die Kommunikations- und Meinungsfreiheit (Art. 5 IGG), die Kunstfreiheit (Art. 5 III GG)[15] und das Persönlichkeitsrecht auf sexuelle Selbstbestimmung (Art. 2 I, 1 I GG) erlaubt. Durch das Recht auf sexuelle Selbstbestimmung und die Figur der sexuellen Identität kann pornografische Sexualität als Geste sexueller Selbstbestimmung oder des individuellen sexuellen Begehrens verstanden werden, gegen welche, solange die Rechte anderer nicht verletzt werden, nicht argumentiert werden kann.[16] Allerdings kann verfassungsrechtlich in diese Freiheiten eingegriffen werden, wenn beispielsweise der Schutz der Jugend nicht gewährleistet ist.[17] Laut Gesetz darf Pornografie Personen unter 18 Jahren nicht zugänglich gemacht werden (§184 I Nr. 1 StGB). Es gibt verschiedene Verbote des öffentlichen Ausstellens, Anpreisens und der allgemeinen Zugänglichkeit, auch über Rundfunk und Telemedien (§§ 184 I Nr. 2–5,7, 184d I StGB), die regeln sollen, dass Pornografie aus der Öffentlichkeit und vor allem von Minderjährigen ferngehalten wird.[18] Für „harte Pornografie“ gelten ähnliche Regeln, außerdem werden auch das Herstellen, Anpreisen, Liefern und Vorrätighalten mit Geldstrafen oder Freiheitsentzug bestraft.[19] Da die Server vieler Tube-Seiten[20] nicht in Deutschland stehen, gibt es hier allerdings häufig Probleme bei der Durchsetzung des deutschen Rechts. Bei vielen Plattformen reicht, wenn überhaupt, ein einfacher Klick auf „Ja, ich bin über 18 Jahre alt“ aus, um auf das gesamte Gratis-Angebot der Seite zugreifen zu können.[21]

---

15 Laut der Rechtsprechung des BVerfG und des BGH schließt pornografischer Inhalt eine Einordnung als Kunst nicht aus.

16 Vgl. Schmidt, Pornographie, S. 154

17 Vgl. Schmidt: Pornographie, S. 154.

18 Vgl. ebd.

19 Schmidt, Anja: Pornographie - Im Blickwinkel der feministischen Bewegungen, der Porn Studies, der Medienforschung und des Rechts, Baden-Baden: nomos, 2016,

20 Siehe auch Kapitel „Porno-Tube-Seiten“.

21 Siegel, Philip: Drei Zimmer, Küche, Porno, Frankfurt a.M.: Campus, S. 109.

1.2 Geschichtlicher Überblick

Gattungsgeschichtlich konnte die Entwicklung pornografischer Bilder bis zu Höhlenzeichnungen sexueller Begebenheiten zurückverfolgt werden.[22] Kulturwissenschaftlich allerdings werden die Medienangebote der Renaissance als Ursprung der Pornografie gesehen, denn sexualisierte Inhalte waren starke Antriebsfedern zur Etablierung von Romanen und Novellen.[23] Was vor dem Buchdruck nur schwierig zu verbreiten war und generell seitens der Kirchen tabuisiert wurde, konnte nun massenhaft gedruckt und verbreitet werden. Schon hier zeichnet sich ab, dass die Geschichte der Pornografie untrennbar mit der Entwicklung neuer Medien und deren Möglichkeiten in der Produktion und Nutzung verwoben ist.[24]

Artefakte wie Höhlenmalereien, Statuen oder Bilder mit sexuellem Charakter sind zwar in der Geschichte häufig aufgetreten, allerdings sind Formen der mündlichen Überlieferung oder das Wissen über öffentliche sexuelle Inszenierungen weitestgehend als Teil der oralen Kultur verloren gegangen oder wurden aufgrund der kirchlichen Regulierung von Sexualität und Lust dem Volk vorenthalten.[25] Ein prominentes Beispiel für das Verschweigen sexueller Kultur und gleichzeitig einen wichtigen Aspekt der Pornografiegeschichte bilden die Ausgrabungen des antiken Pompejis. Pompeji wurde 79 n. Chr. beim Vulkanausbruch des Vesuvs verschüttet und im 18. Jhd. wieder ausgegraben. Die dort geborgenen Schätze hatten nur wenig mit der im 18. Jahrhundert vorherrschenden (Sexual-) Moral gemeinsam: Sie zeigen explizite und eindeutig freizügige Darstellungen ausgelebter sexueller Lust. Aufgrund dieser Abweichung zur herrschenden Moral wurden sie 1821 in das geheime Kabinett des Archäologischen Nationalmuseums in Neapel überführt und erst im Jahr 2000 der

---

22 Müller, Anne-Janine: Von der Höhlenmalerei zum Smartphone: zur Geschichte von Pornographie und Medien, in Schuegraf, Martina/Tillmann (HG), Angela. Pornographisierung von Gesellschaft. Perspektiven aus Theorie und Praxis, Konstanz/München: UVK, 2012, hier S. 22ff.

23 Ebd.

24 Ebd.

25 Müller, Anne-Janine: Von der Höhlenmalerei zum Smartphone: zur Geschichte von Pornographie und Medien, in Schuegraf, Martina/Tillmann (HG), Angela. Pornographisierung von Gesellschaft. Perspektiven aus Theorie und Praxis, Konstanz/München: UVK, 2012, hier S. 22ff.

Öffentlichkeit zugänglich gemacht.[26] Informationen über die Möglichkeit eines solchen Lebensstils drohten die damals von den Kirchen propagierte sittliche und asketische Lebensgrundhaltung ins Wanken zu bringen.[27]

Abbildung 1: Restaurierte Wandmalerei aus Pompeji.[1]

Besonders im 17. und 18. Jahrhundert waren Vertreter der Kirche bemüht, jegliche Art lustvoller Sexualität zu unterbinden. Sexuelle Lust wurde stigmatisiert und sollte lediglich innerhalb der Ehe zur Reproduktion stattfinden. Fleischliches Verlangen wurde als unsittlich dargestellt und mit der Hölle assoziiert, denn das Stillen der Sexualität war erst im Jenseits, nach dem Durchleben eines frommen Lebens auf Erden, vorgesehen.[28]

Der Kulturanthropologe und Pornografieforscher Jakob Pastötter geht davon aus, dass die Vertreter der Kirche Angst hatten, das einfache Volk könnte, als Folge einer Ansicht dieser Werke, seine sexuellen Triebe ausleben wollen und somit unkontrollierbar werden. Des Weiteren merkt er an, dass besagte Malereien und Skulpturen zur Zeit ihrer Fertigung weder als unzüchtig noch als pornografisch angesehen wur-

---

26 Ebd.

27 Quarks & Co.: Die Geschichte der Pornographie, einsehbar in der Mediathek des ARD, verfügbar unter http://www.ardmediathek.de/tv/Quarks/Die-Geschichte-der-Pornografie/WDR-Fernsehen/Video?bcastId=7450356&documentId=41426778 vom 14.03.2017, (00:00:00 - 00:045:00), Zugriff am 19.12.2017.

28 Ebd.

den. Auch wurden sie wohl nicht zur Masturbation genutzt. Vielmehr waren sie Objekte der Zurschaustellung eines ausgefüllten, lustvollen Lebens und Luxus. Sie standen demnach offen in Wohn- und Schlafräumen ausgestellt.[29]

Ebenfalls im 18. Jahrhundert identifizierte der Schweizer Arzt Samuel Auguste Tissot in der Selbstbefriedigung die Wurzel vieler Krankheiten, zum Beispiel der Pest und der Impotenz. Diese Erkenntnisse fielen auf fruchtbaren Boden bei den kirchlichen Vertretern, welche Masturbation ab sofort untersagten und unter Strafe stellten.[30] Besonders Knaben wurden über die massiven Folgen aufgeklärt und zur Zucht verwiesen. Zum Schutz wurden Beschneidungen vorgenommen oder Keuschheitsgürtel eingesetzt.[31] Öffentliche Regulierungsversuche wie diese verbannten die sexuelle Lust immer weiter in eine Tabuzone. Auch im 19. und 20. Jahrhundert wurde weiter versucht, eine freizügige Sexualität zu verhindern. Homosexualität unter Männern stand in Deutschland bis 1969 unter Strafe und wurde besonders in der NS-Zeit brutal verfolgt. Bis 1974 standen Wohnungsvermieter oder Eltern unter dem Verdacht der „Kuppelei", wenn sie unverheiratete Paare unter ihrem Dach gemeinsam übernachten ließen.[32]

Ein freies Ausleben des Sexualtriebes war den Menschen aufgrund dieser negativen Strafandrohungen (staatlicher, göttlicher oder kirchlicher Natur) kaum möglich. Das Ende des 2. Weltkrieges brachte Freiheit für neue gesellschaftliche Auseinandersetzungen und die Rufe nach einem Ende der Unterdrückung durch Regulierung der Sexualität wurden immer lauter. Unter dem Slogan „Make Love, Not War" wurde im Zuge der „Flower-Power"-Bewegung die Sexuelle Revolution[33] offiziell eingeleitet und bestimmte nun die zweite Hälfte des 20. Jahrhunderts: neue Formen von Beziehungen sagten der herkömmlichen Ehe und die Pille dem reinen Reproduktions-Sex den Kampf an. Auch die Porno-Industrie erfand sich zu jener Zeit neu. In den 70er Jahren, dem „Golden Age of Porn"[34], gelangten pornografische Videos von der Underground-Subkultur in den Mainstream.

---

29 Quarks & Co.: Die Geschichte der Pornographie, einsehbar in der Mediathek des ARD, verfügbar unter http://www.ardmediathek.de/tv/Quarks/Die-Geschichte-der-Pornografie/WDR-Fernsehen/Video?bcastId=7450356&documentId=41426778 vom 14.03.2017, (00:01:10 – 00:01:51)., Zugriff am 19.12.2017.

30 Siehe: https://www.thieme-connect.com/products/ejournals/html/10.1055/s-0034-1392986#N65748

31 Ebd.

32 Eder, Franz: Kultur der Begierde: Eine Geschichte der Sexualität, München: C.H.Beck, S. 213.

33 Vergleiche hierzu Kapitel 1.7: „Sexuelle Revolution und feminist Sex-Wars".

34 Steiml, Silke/Offermann, Stefan: I want the right to see a dirty picture, in Feministisches Seminar (Hg.): Feminismus in historischer Perspektive - Eine Reaktualisierung, Bielefeld: transript, 2014, hier S.376f.

Die Ära gipfelte 1972 mit dem Erfolg des Films „Deep Throat"[35], welcher bei 25.000 $ Produktionskosten 600 Mio. $ Gewinn einspielte. Er zählt somit zu den profitabelsten Filmen aller Zeiten[36] und definierte das gesellschaftliche Phänomen des „Porn Chick". Es galt sogar für die „High Society" als „*in*", ins Pornokino zu gehen und sich öffentlich über das Gesehene auszutauschen.[37] Auch produzierten die Hollywood-Filmstudios zu jener Zeit selbst Pornos und zeitweilig verbreitete sich der Eindruck, Porno und Film würden miteinander verschmelzen.[38] Parallel dazu entbrannten Diskussionen über die Daseinsberechtigung von Pornografie. Konservative Strömungen wollten die bürgerlichen Familienwerte schützen und Feministinnen kämpften für eine Gleichberechtigung der Frau.[39] Letztere bildeten zwei Gruppen: Sex-positiv und anti-porno Feminismus[40]. Auch hier stellt der Film „Deep Throat" einen wichtigen Wendepunkt dar[41], der als erster als „salonfähig" erachteter Pornofilm auch in Mainstream-Kinos zu sehen war und der feministischen Pornografiedebatte viel Material für Auseinandersetzungen lieferte.

Aufgrund dieser immer lauter werdenden feministischen Debatten gegen Pornografie und der Bemühungen der konservativen Rechten entschieden die USA, staatlich gegen die als „pervers" geltenden Freiheiten der „sexuellen Revolution" vorzugehen. Der Pornoindustrie wurden mehr und mehr die Mittel genommen[42], der öffentliche Pornokonsum in Kinos wurde mithilfe von Sanktionen seitens des US-Staates eingedämmt und von den 1.500 Erotikkinos in den 70ern blieben 1990 nur noch 250 übrig.[43] Pornografie wurde nach einem kurzen Aufschwung und einer Eventualität, als Kunstform anerkannt zu werden, wiederum in den Bereich des Obszönen verbannt. Doch da der technische Fortschritt nicht aufzuhalten und die Nachfrage nach Darstellungen sexueller Handlungen nicht mehr zu schmälern war, fand die Industrie bald neue Mittel und Wege, der staatlichen Regulierung zu entgehen und erneut zu erstarken:

---

35 Ebd.

36 Barbato, Fenton/Bailey, Randy: Inside Deep Throat, USA: Universal Pictures, 2005, (00:06:02).

37 Barbato, Fenton/Bailey, Randy: Inside Deep Throat, USA: Universal Pictures, 2005, (00:36:56).

38 Ebd. (00:42:34).

39 Steiml/Offermann: I want the right to see a dirty picture, S.396.

40 Siehe hierzu auch Kapitel 1.7. „Sexuelle Revolution"

41 Siehe hierzu auch Kapitel 1.6.1: „Deep Throats Vermächtnis".

42 Steiml/Offermann: I want the right to see a dirty picture, S. 397.

43 Barbato/Fenton: Inside Deep Throat, (01:13:05).

„Mit dem Einzug der Videokamera wurde es so einfach, nicht jugendfreie Filme zu drehen, das konnte jeder. Und irgendwann setzten sich die durch, die es für immer weniger Geld machen konnten. Sie [die Filme] bestanden nur noch aus aneinandergereihten Sexszenen. Und so hat sich der Pornofilm sein eigenes Grab geschaufelt."[44]

So beschreibt Gerard Damiano, Produzent und Regisseur von „Deep Throat", das Ende einer Ära und den Beginn des Status Quo des heutigen Mainstreampornos. Ähnlich ist es auch mit der Entwicklung der Medien. So beschreibt auch die Süddeutsche Zeitung, dass es ohne den Sexualtrieb des Menschen viele Medien schwerer gehabt hätten, ein großes Publikum zu erreichen.[45] Dies wird durch den sich anbahnenden Erfolg der VR Brille untermauert: Die Kategorie „VR Porno" ist seit Ende 2016 auf den einschlägigen Porno Tube-Seiten vertreten.[46] Produkt-Angebote wie „VR Brille mit Masturbator" kennzeichnen das große Interesse und bestätigen die Aussage Susan Strubles, der ehemaligen Sprecherin des Elektronikkonzerns „Sun Microsystems":

„Du weißt, dass deine Technologie gut und stabil ist, wenn sie sich in der Pornowelt bewährt."[47]

Pornografie kann somit seit der Erfindung des Buchdrucks einerseits als Triebfeder technischer Neuerungen gesehen werden, andererseits auch als Ventil für den jahrhundertelang unterdrückten Sexualtrieb.

1.3 Pornografie und Gesellschaft

Pornografie ist ein weit verbreitetes Phänomen und die Diskussion über die Wirkung von Pornografie ist spätestens seit ihrem Einzug in den Mainstream in vollem Gange. Doch während in den 70er Jahren eher die Wirkung auf die menschliche Persönlich-

44 Ebd. (01:13:26)

45 http://www.sueddeutsche.de/wissen/technik-vorsprung-durch-porno-1.830188 vom 30.05.2008.

46 Siehe hierzu auch Kapitel 1.4.3: „Angebot, Kategorien und Suchanfragen".

47 http://www.sueddeutsche.de/wissen/technik-vorsprung-durch-porno-1.830188 vom 30.05.2008.

keit erforscht wurde, stehen heutzutage immer mehr auch die Folgen des Pornokonsums bei Kindern und Jugendlichen im Vordergrund, da Pornografie durch das Internet und entsprechende Endgeräte quasi ohne Altersbegrenzung frei zugänglich ist und vor allem unbeaufsichtigt konsumiert werden kann. Hierauf soll allerdings nicht das Hauptaugenmerk der vorliegenden Arbeit liegen, wenngleich die Auseinandersetzung mit dieser Thematik als wichtig erachtet wird.

Genaue Daten zum weltweiten Konsum zu erheben, gestaltet sich aufgrund der unüberschaubaren Fülle an Angeboten als schwierig. Allerdings gibt die Pornoplattform Pornhub.com jährlich Daten preis, aus denen hervorgeht, dass die Seite täglich von 81 Millionen Menschen besucht wird und 800 Suchanfragen pro Sekunde getätigt werden.[48] Und dies sind lediglich die Daten einer Plattform.[49] Dass Pornografie in den gesellschaftlichen Alltag übergegangen ist und für viele zum Leben dazugehört, ist bekannt. Doch warum der Mensch sich derart zu ihr hingezogen fühlt, wird immer wieder von Soziologen und Psychologen diskutiert. In diesem Kapitel sollen einige dieser Stimmen, aber vor allem der Sexualsoziologe und Pornografieforscher Sven Lewandowski zu Wort kommen. Allgemein formuliert die Kultursoziologin Anne-Janine Müller den andauernden gesellschaftlichen Diskurs um Pornografie als Ergebnis der kulturellen Tradition des öffentlichen Diskurses über Sexualität im Allgemeinen.[50] Pornografie bediene sich, aufgrund ihrer Bindung an die Fantasien der Rezipient*innen, der gesellschaftlich vorherrschenden Wissensstände über Sexualität.[51]

Lewandowski geht einen Schritt weiter und meint, dass sich in der Pornografie nicht nur inszenierte individuelle sexuelle Phantasien wiederfänden – diese Phantasien seien auch immer kulturell geprägt.[52] Er fordert, dass die sozialwissenschaftliche Analyse nicht allein danach fragen solle, welche kollektiven sexuellen Phantasien die Pornografie der Gesellschaft anfachen, vor allem müsse das Verhältnis zwischen Sexualität, Gesellschaft und Pornografie analysiert werden.[53]

Dafür gibt es verschiedene Erklärungsansätze. Einige denken Freuds Annahme „wo sie lieben, begehren sie nicht, und wo sie begehren, können sie nicht lieben“[54] weiter und gehen davon aus, dass Pornografie die dunkle Seite der Gesellschaft wiederspiegele und das Verdrängte, gesellschaftlich nicht Akzeptierte verarbeite. Die aggressiven Teile des Sexuellen fänden im vorherrschenden Konzept der romantischen

48 Siehe https://www.pornhub.com/insights/2017-year-in-review, Zugriff am 29.03.18.

49 Siehe hierzu auch Kapitel 1.4: „Internetpornographie“.

50 Vgl. Müller: Von der Höhlenmalerei zum Smartphone, S. 22.

51 Ebd.

52 Vgl. Lewandowski: Die Pornofizierung der Gesellschaft, S.176.

53 Ebd.

54 Freud, Sigmund: Beiträge zur Psychologie des Liebeslebens II, in Freud, Sigmund: Gesammelte Werke, Frankfurt a.M.: Fischer 1912/1999, S. 82.

Liebe keinen Platz, würden verdrängt werden und deshalb in der Pornografie wiederkehren.[55]

Auch Gunther Schmidt erörtert eine Aufspaltung der Sexualität der modernen Gesellschaft in zwei Sexualwelten: die alltägliche, eher nüchterne (Paar-) Sexualität und die pornografische, durch sexualisierte Massenmedien erzeugte Sexualwelt. Beide würden nebeneinander existieren und sich kaum beeinflussen.[56] Schmidts Aussage stammt allerdings aus dem Jahr 2005, vor dem Aufschwung der kostenlosen Tube-Seiten[57], und muss somit in Anbetracht der heutigen pornografischen Medienlandschaft einer kritischen Betrachtung unter dem Gesichtspunkt einer angenommenen Vermischung der Sexualwelten unterzogen werden. So fand Paul J. Wright 2012 in seiner Langzeitstudie an männlichen Konsumenten über 18 heraus, dass Dauerpornokonsumenten die im Porno vorherrschenden Verhaltensmuster übernehmen und beispielsweise eher nach der schnellen Befriedigung auch im eigenen Sexleben suchen als Menschen, die selten Pornografie konsumieren.[58] Weitere kritische Stimmen erkennen in der Entwicklung der Pornografie den Ausdruck einer perversen Gesellschaft und sehen sie als Effekt einer aus den Fugen geratenen sexuellen Ordnung.[59] Nicht zu vergessen ist der anti-pornografisch feministische Blickwinkel, welcher Pornografie im Allgemeinen als eine von männlicher Herrschaft, Gewalt und Unterdrückung geprägte Sexualordnung sieht.[60]

Zusammenfassend können drei Annahmen herausgestellt werden:
Die Pornografie und die Sexualität der Gesellschaft

- spiegeln einander.
- ergänzen sich wechselseitig.
- entsprechen einander, sodass sich in der Pornografie die Grundprinzipien der gesellschaftlichen Sexualordnung ausdrücken.[61]

Laut Lewandowski hält Pornografie der Gesellschaft insofern einen Spiegel vor, als sie zeigt, was in einer „guten" Gesellschaft – Verdrängtes, kulturell Delegiertes – keinen Platz hat oder haben sollte. Pornografie reflektiere somit die zeitgenössische Se-

---

55 Vgl. Lewandowski: Die Pornofizierung der Gesellschaft, S.176.

56 Vgl. Schmidt, Gunter: Das neue DER DIE DAS. Über die Modernisierung des Sexuellen, Gießen: Psychosozial, 2005, S. 59.

57 Siehe auch Kapitel 1.4.1: „Porno-Tube-Seiten".

58 Wright, Paul J.: A Longitudinal Analysis of US Adults' Pornography Exposure in: Journal of Media Psychology 24 (2012) S. 67-76.

59 Vgl. Lewandowski: Die Pornographie der Gesellschaft, S. 178ff.

60 Siehe auch Kapitel 1.7.1: „PorNo!".

61 Vgl. Lewandowski: Die Pornographie der Gesellschaft, S. 178ff.

xualität dadurch, dass sie ihr aufzeige, was der legitimen Sexualität fehle. Lewandowski schlussfolgert, dass diese Theorien implizit zu Vorstellungen einer „ganzheitlichen Sexualität" führen würden und wie diese aussehen solle. Vor diesem Hintergrund würden sowohl Pornografie als auch intimisierte Formen der Sexualität defizitär wirken.[62]

Doch Pornografie funktioniere anders als die reale Sexualität. Sie erzeuge außeralltägliche Welten und Sinnesprovinzen.[63] Jemand, der beispielsweise aufgrund seiner persönlichen Eigenschaften niemals einen Dreier mit zwei attraktiven jungen Frauen gehabt habe, bekomme die Möglichkeit, sich eine solche Situation vorzustellen und sich selbst in diese hineinzuversetzen. Auch könne Pornografie als Inspiration fungieren: Praktiken würden populär, welche ohne die Verbreitung in der Pornografie niemals ihren Weg in die Betten und Köpfe der Gesellschaft gefunden hätten. Dies gelte sowohl für das positive, lusterweiternde, als auch für das Feld der Kinder- und Tierpornografie.

> „Der Konsum pornografischer Produkte verbindet die individuelle Sexualität mit der Sexualität der Gesellschaft, [...] er kann als ein Aspekt einer Arbeit am sexuellen Selbst verstanden werden."[64]

Auch bildet Pornografie sexuelle Subkulturen, erhält sie und lässt sie wachsen. Denn Porno zeige nicht nur Sex, sondern gebe auch vor, was als begehrenswert und sexuell erregend gilt.[65] Minderheiten könnten sich besonders im Internet zusammenfinden, ihre sexuellen Vorlieben austauschen und diese verbreiten.[66]

Allerdings zeigt eine Studie des Max-Plank-Instituts Berlin, dass die Belohnungsaktivität des Gehirns der Menschen, die regelmäßig Pornografie konsumieren, beim Anblick sexuell stimulierender Bilder deutlich geringer ist, als bei Menschen, die dies seltener tun. Daraus schlussfolgern die Forscher, dass Probanden mit hohem Konsum immer stärkere Reize benötigen, um das gleiche Belohnungsniveau zu erzielen.[67] Die Medienphilosophin Michaela Ott bringt dies in Bezug auf Medienangebote im Allgemeinen treffend auf den Punkt:

---

62 Ebd.

63 Vgl. Lewandowski: Die Pornographie der Gesellschaft, S.198.

64 Ebd.

65 Vgl. Lewandowski: Die Pornographie der Gesellschaft, S. 196.

66 Vgl. Ebd.

67 https://www.mpib-berlin.mpg.de/de/presse/2014/06/wer-viele-pornos-schaut-hat-ein-kleineres-belohnungssystem vom 02.06.2014.

„Da wir uns an die Permanenz neuer Empfindungsangebote gewöhnen, entwickeln wir ein Bedürfnis nach Daueraffizierung, nach deren Steigerung und Überbietung, welchem die Medien wiederum mit Sensationsberichterstattung und täglich neuen Katastrophenmeldungen entgegenkommen."[68]

Diese Steigerungslogik lässt sich auch in der Internetpornografie beobachten. GameLink.com, einer der führenden Anbieter für Erwachsenenunterhaltung, verzeichnete 2015 in den USA einen Anstieg des Konsums von „Family-Role-Play-Porn", beziehungsweise Inzestporno, um 178%. Auch auf den gängigen Tube-Seiten gehören mittlerweile Titel wie „Stepmom fucks Stepson", „Notgeiler Bruder fickt seine schlafende Schwester" oder „Competing Sisters for Brothers Creampie" zu den beliebtesten Videos weltweit.[69]

1.4 Internetpornografie

Mit dem Aufblühen des Internets wurde Pornografie in eine neue Dimension gehoben: Was früher an gewisse Voraussetzungen, wie beispielsweise die Altersbegrenzungen in Videotheken geknüpft war, ist heute für jede Person mit Zugang zu einem internetfähigen Endgerät jederzeit und beinahe überall zugänglich gemacht.[70] Der Schutz vor unbefugtem Zutritt Minderjähriger wird anhand einer einfachen Altersabfrage und der Tatsache, dass sich die Server der besagten Seiten oftmals nicht in Deutschland befinden, häufig nur unzureichend gewährleistet.[71] [72] Da die Entscheidung, wenn überhaupt, lediglich einen Klick („Ja, ich bin über 18") erfordert, fällt eine Altersbeschränkung de facto weitestgehend weg.

Auch die Beschaffung stellt keinen Aufwand mehr dar, da der Konsument nicht einmal seine Privaträume verlassen muss.[73] Über das Internet hat er mit einem Gefühl absoluter Anonymität und ohne Rechenschaft für etwaige Fetische ablegen zu müssen, unbegrenzten Zugang zu jeglicher Art von Pornografie. Cooper hat das

---

68 Ott, Michaela: Es lebe die Dividuation! Zur Notwendigkeit anderer Denkkonzepte angesichts zeitgenössischer Teilhabepraktiken, S. 5.

69 Ausgewählte Titel von Seite 1 der beliebtesten Videos auf Pornhub.com, weltweit, Zugriff am 29.03.18.

70 Lewandowski: Die Pornographie der Gesellschaft, S. 96.

71 Siehe auch Kapitel 1.1: „Rechtliche Grundlagen".

72 Philip Siegel: Drei Zimmer, Küche, Porno, S. 108.

73 Lewandowski: Die Pornographie der Gesellschaft, S. 96.

Internet bereits im Jahr 2000 als „Triple-A Engine of Access, Affordability, and Anonymity“[74] beschrieben. Es verändere die Welt durch leichten, kostengünstigen und anonymen Zugang zu Pornografie und anderen sexuellen Inhalten.

Allerdings hinterlässt der Konsum (wie beinahe alles im Internet) Datenspuren, welche im Zweifel und bei öffentlichem, staatlichem oder gerichtlichem Interesse zurückverfolgt werden können, wie es beispielsweise just im Britische Parlament pünktlich zur politischen Umstrukturierung der Fall war. Die Frankfurter Allgemeine Zeitung schreibt: „Seit der Neuwahl in Großbritannien hat es mehr als 24.000 Versuche gegeben, vom Parlament aus Pornoseiten im Internet aufzurufen.“[75] Und somit formuliert Lewandowski treffend:

> „Das Netz gleicht dem Meer: Alles, was in es eingespeist wird, wird irgendwann von ihm wieder hervorgebracht.“[76]

1.4.1 Porno Tube-Seiten: „Wie im wilden Westen“?

Da bisher kaum wissenschaftliche Arbeiten explizit zu den Hintergründen der Porno-Tube-Seiten veröffentlicht wurden, wird in diesem und auch in den folgenden Kapiteln hauptsächlich auf journalistische Quellen und die 2017 erschienene investigative Dokumentation „Pornocracy“ zurückgegriffen.

Zwischen 2006 bis 2008 fand ein Umbruch in der etablierten Pornoindustrie statt. Die Tube-Seiten und die Finanzkrise brachten schwerwiegende Veränderungen mit sich.[77]

> „Wir wussten, welchen Schaden wir der Industrie damit zufügen würden. […] Wer sich nicht an die Tube Seiten angepasst hat, war raus aus dem Geschäft“[78]

So berichtet Youporn.com Gründer Jonathan Todd im Interview mit Ovidie. Heute drehen sich laut einer Studie der Plattform „Netzsieger“ 25% aller Suchanfragen um

---

74 Cooper: Cybersex, S. 5.

75 http://www.faz.net/aktuell/gesellschaft/menschen/160-versuchte-porno-aufrufe-pro-tag-aus-britischem-parlament-15380356.html vom 08.01.2018, Zugriff am 09.01.2018.

76 Lewandowski: Die Pornographie der Gesellschaft, S. 96.

77 Ovidie: Pornocracy, (00:10:40).

78 Ovidie: Pornocracy, (00:27:7).

Pornografie.[79] Das Amazon Alexa-Ranking 2017 verortet Pornhub.com auf Platz 32 und Xvideos.com auf Platz 41 der 50 meistbesuchten Webseiten weltweit.[80] Die gängigste Art, schnell und einfach Pornos zu schauen, ist heute über sogenannte „Tube-Seiten", zu denen auch Xvideos.com, Youporn.com und Pornhub.com gehören. Diese funktionieren ähnlich wie Youtube.com: Die Nutzer können Videos hochladen, welche dann auf der Seite zu sehen sind, durch Hashtags kategorisiert werden und von den anderen Nutzern angesehen und bewertet werden können.[81] Das Angebot besteht aus von den Nutzern hochgeladenen Videos, Amateurvideos und gekürzten Versionen der eigenen Produktionen der Plattformen. Das Angebot erweitert sich durch Raubkopien enorm.[82] Gregory Dorcel, Geschäftsführer der etablierten Pornoproduktionsfirma „Dorcel" schätzt, dass 95% aller konsumierten Pornovideos auf den Tube-Seiten Raubkopien sind.[83] Renommierten Produktionsfirmen müssen aufgrund der großen Wirkmacht der Tube-Seiten oftmals darüber hinwegsehen, dass ihre Filme gestohlen werden und kostenlos auf den „Tubes" zur Verfügung gestellt werden – auch wenn sie damit selbst keine Profite erzielen. Dies führte dazu, dass fast 70% des etablierten Geschäftes nach 2006 verschwunden ist.[84] Es laufe „wie im Wilden Westen" meint auch Vincent Grosser, Manager der Produktionsfirma „Colmax".[85]

Die Nutzung dieser Tube-Seiten ist für die Besucher zunächst kostenlos. Ihnen stehen unzählige Videos auf unterschiedlichen Plattformen zur freien Verfügung.[86] Doch gerade der Fakt, dass die Nutzung von Pornografie für jeden sexuell interessierten Menschen mit Internetzugang umsonst ist, ist der Schlüssel, um damit sehr viel Geld zu verdienen. Dies geschieht durch Traffic, also mittels des Konzepts, möglichst viele Besucher auf eine Seite zu locken, um möglichst vielen davon gezielte Werbung vorzuspielen. Die Anzeigen bestehen oft aus Vorschauvideos und Links zu Bezahlplattformen der Tube-Seiten-Firmen, auf denen den Nutzer*innen weitere, bessere Inhalte oder Webcam-Shows angepriesen werden.[87] Über die Gewinne, die

79 Siehe https://www.netzsieger.de/ratgeber/internet-pornografie-statistiken, Zugriff am 29.03.18.

80 Siehe https://www.alexa.com/topsites, Zugriff am 29.03.18.

81 Siehe https://www.focus.de/digital/praxistipps/youporn-pornhub-brazzers-online-pornos-kostenlos-und-zu-jeder-zeit_id_4595644.html, Zugriff am 29.03.18.

82 Lewandowski: Die Pornographie der Gesellschaft, S. 103.

83 Ovidie: Pornocracy, Frankreich: mindjazz, 2017, (00:25:00).

84 Ovidie: Pornocracy, (00:11:00).

85 Ebd.

86 Siehe hierzu Kapitel 3.1.55: „Für Pornos bezahlen?"

87 Ebd.

jährlich mit diesen Seiten erzielt werden, gibt es keine offiziellen Angaben. Die Schätzungen schwanken zwischen einer und 97 Milliarden Dollar.[88] Somit scheint das Klischee der Goldkette tragenden Pornoproduzenten überholt: „Geeks" – Softwareentwickler, Programmierer und Big-Data-Genies sind die Gewinner der neuen Pornozeit. Sie haben kaum mit der tatsächlichen Produktion zu tun, denn viel wichtiger sind der Vertrieb und gut programmierte Algorithmen.[89]

Die Produktionsfirmen orientieren sich stark an dem, was die Menschen anklicken und wie lang es angesehen wird. Ähnlich wie in der Fast-Fashion-Industrie wird anhand von Big-Data-Analysen erörtert, was den Nutzern gefällt und wovon dementsprechend mehr produziert wird.

1.4.2 Die Firma Mindgeek

Laut der Internetplattform „Netzsieger" verzeichnete Xvideos.com im Jahr 2016 1.630 Mio. Besuche, Pornhub.com 1.350 Mio., xnxx.com 1.090 Mio., Redtube.com 343 Mio. und Xhamster.com 343 Mio. Besuche pro Monat. Somit sind diese Seiten die fünf erfolgreichsten Pornoseiten im World Wide Web. Im Vergleich dazu wirkt der Traffic der Bildzeitung mit 100 Mio. Besuchern pro Monat recht überschaubar. Zwei dieser Giganten, Pornhub.com und Redtube.com, gehören zum Pornoimperium „MindGeek" (vormals Manwin). Mindgeek wird von Jennifer McEwen, Gründerin eines großen Porno-Appstores als das Amazon der Pornoindustrie beschrieben, da es die Branche kannibalisiert hätte.[90] Die Firma wurde im Jahr 2004 von Fabian Thylmann[91], einem deutschen Programmierer, gegründet und hat mittlerweile Büros in acht Ländern.[92] Laut dem Wirtschaftsmagazin „Brandeins" gehörten 2012 insgesamt acht der fünfzehn weltweit erfolgreichsten Porno-Tube-Seiten wie Brazzers.com, Mydirtyhobby.com, Playboy.com und Youporn.com dazu.[93] Die Webseiten erreichen laut Thylmann gemeinsam 16 Billionen Klicks und einen Umsatz von 40 Millionen[94] Dollar pro Monat.[95] Die Mindgeek-Sprecherin Kate Miller erklärte

---

88 Kummer, Adrian: Digital kommt besser, in Brand eins, 07/2012.

89 Ebd.

90 http://www.zeit.de/wirtschaft/unternehmen/2015-10/porno-industrie-youporn-pornhub-wirtschaftskrise-raubkopien vom 21.10.2015.

91 Thylmann hat mittlerweile die Firma verlassen, nachdem er der Steuerhinterziehung und Geldwäsche bezichtigt wurde und eine Millionen hohe Strafe zahlen musste.

92 https://www.stern.de/digital/online/fabian-thylmann--der-king-of-porn-3204102.html vom 19.12.2016.

93 Kummer, Adrian: Digital kommt besser, in Brand eins, 07/2012.

94 Ovidie: Pornocracy, 00:32:05.

95 Siehe https://www.youtube.com/watch?v=lLKW9PNQAbM, (00:00:49)

„Brandeins" gegenüber, dass Mindgeek aufgrund der Werbung für die eigenen Bezahlplattformen ein sehr viel lukrativeres Einkommensmodell hat als beispielsweise Youtube.com.

> „Dazu muss man sich nur das Verhältnis von Nutzern zum Umsatz anschauen. Der Grund, warum wir das über die vergangenen Jahre hinweg geschafft haben, ist der, dass uns nicht nur die Tube-Seiten gehören, sondern auch die gezeigten Inhalte."[96]

Auch sind die offiziellen Sitze des Weltkonzernes nur in Steueroasen angemeldet,[97] was auch dazu führte, dass Fabian Thylmann 2016 wegen Steuerhinterziehung angeklagt wurde.[98]

Beim Besuch einer der Seiten wird dem Nutzer die Strategie von MindGeek schnell bewusst: Überall blinken Banner mit lockenden Frauen, Genitalien und HD-Vorschauvideos. Im Hintergrund öffnen sich ungefragt weitere Fenster, die den User in die sogenannten „Redirection Chains" ziehen. Was für den User anstrengend sein mag, beschert dem Seitenbetreiber viel Geld. Denn sogenannte „Traffic Broker" verdienen ihr Geld damit, den Websites ihrer Kunden neue Internetsurfer zuzuführen. Laut einer Brandeins-Recherche kosten 50.000 Klicks auf die eigene Homepage 200 Dollar. Mit diesem Verfahren generiert Mindgeek also zum einen Geld durch die Weitergabe von Traffic und zum anderen durch das Weiterleiten auf deren eigene Bezahlplattformen. Die Traffic Broker handeln in den meisten Fällen mit sehr kleinen Seiten, die lediglich aus Galeriebildern bestehen, welche beim Klicken wiederum auf weitere Galerieseiten weiterleiten und so weiter.[99] Besonders innerhalb dieser Redirection Chains verstecken sich häufig Seiten mit Botnets, die den Computer der User infizieren, Daten ausspähen oder Spam Mails schicken.[100]

---

96 Kummer, Adrian: Digital kommt besser, in Brand eins, 07/2012.

97 Ovidie: Pornocracy, 00:25:00.

98 http://www.spiegel.de/wirtschaft/unternehmen/youporn-gruender-fabian-thylmann-wegen-steuerhinterziehung-verurteilt-a-1126573.html vom 19.12.2016.

99 Ebd.

100 Ebd.

1.4.3 Wie „Mindgeek“ und Co. die Industrie veränderten

Besonders für die Darsteller*innen hat sich seit dem Aufkommen der Tube-Seiten vieles verändert. Sie verdienen heute bis zu zehn Mal weniger als noch vor 2008.[101] Auch würden die Drehtage länger und härter, berichtet die US-amerikanische Pornodarstellerin Stoya über ihren Vertrag bei der Mindgeek-Produktionsfirma „Digital Playground“. Die Drehtage dort umfassten oft bis zu 20 Stunden.[102] Doch nicht nur die Tage werden länger, auch die Szenen würden härter.[103] Früher wurden gewisse Praktiken und Arbeitsweisen mit bestimmten Produktionsfirmen und Darsteller*innen verknüpft. Durch Verleihe und Zwischenhändler wurden die Inhalte einer Prüfung und Einordnung unterzogen, die auch den Firmen bewusst war.

> „Inhalte, die sich klassische Produktionsfirmen niemals getraut hätten rauszubringen, können anonym auf Tube-Seiten distribuiert und konsumiert werden. Die Firmen, die früher immer die Regeln eingehalten haben, sind einfach verschwunden.“[104]

So rekapituliert Vincent Grosser, Manager der Produktionsfirma „Colmax“ im Interview für „Pornocracy“. Drogenkonsum für eine bessere Performance stünden längst an der Tagesordnung. Viele männliche Darsteller konsumierten Viagra, um den langen Drehtagen über standhaft bleiben zu können. Aber auch Frauen würden „gedopt“. Die Steigerungslogik[105] führe zu einer totalen Übertreibung ins Abnormale: Doppelte oder dreifache Anal-Penetration bei Frauen ist längst kein außergewöhnlicher Tabubruch mehr. Dass dies anatomisch weder vorgesehen, noch angenehm oder erregend ist, beweise der hohe Einsatz von „Lidocain“, als gespritztes Betäubungsmittel im After. Auch Pillen, die eigentlich zur Weitung des Unterbauches für die Einleitung einer Geburt verwendet werden, fänden Anwendung.[106] Dass es sich oft nicht um eigene Vorlieben der Darstellerinnen handelt, wird durch das oft sehr junge Alter dieser gekennzeichnet. Viele haben sich im Laufe ihres bisherigen Lebens noch keine

---

101 Ovidie: Pornocracy, (00:11:02).

102 Ovidie: Pornocracy, (00:42:18).

103 Ovidie: Pornocracy, (00:03:06).

104 Ovidie: Pornocracy, (00:22:00).

105 Siehe auch Kapitel 1.6.1: „Deep Throats Vermächtnis: Cumshots, Analsex und die pornographische Steigerungslogik“.

106 Ovidie: Pornocracy, (00:14:26).

eigene „sexuelle Identität“ gebildet und geben ihren ersten Blowjob.[107] Oft arbeiten sie nur wenige Wochen bis Monate in der Industrie und verschwinden unbemerkt wieder.[108] Persönlichkeit oder Name der Darsteller*innen interessieren nicht mehr. Da die Tube-Seiten nach Kategorien sortiert sind und täglich neue Videos mit neuen Darsteller*innen hochgeladen werden, sind die Namen oder Persönlichkeiten der Darsteller*innen uninteressant. Oftmals besteht nicht einmal die Möglichkeit herauszufinden, wem man gerade beim Sex zusieht. Die Anonymität macht auch die Konsumenten*innen vergesslich und kalt. Mitgefühl oder Identifikation mit diesen Menschen bleiben somit weitestgehend aus. Doch der Nachschub kommt und geht. Durch die schnelle Fluktuation der Darsteller*innen und auch die wenigen Regeln, die es zur Benutzung von Kondomen gibt, verbreiten sich auch Geschlechtskrankheiten unterhalb der Darsteller*innen sehr schnell. Einige fälschen aus Angst vor Arbeitslosigkeit die Ergebnisse ihrer Ärztlichen Untersuchungen. So wurde 2012 die gesamte Industrie von einer Syphilis Epidemie heimgesucht.[109]

1.4.4 Angebot, Kategorien und Suchanfragen

In den vorangegangenen Kapiteln wurde der Versuch gewagt, exemplarisch die Hintergründe der Firma Mindgeek offenzulegen. Hierzu sollte allerdings gesagt sein, dass es sich zwar um die Ergebnisse erstzunehmender investigativer Journalist*innen, unter anderem im Auftrag der Süddeutschen Zeitung handelt, diese Ergebnisse bislang allerdings keine hinreichende Grundlage für eine sichere Beweislage zu erbringen vermögen.

Im Folgenden soll der Blick nun wieder auf die Oberfläche der Pornoindustrie und die äußeren Macharten der Tube-Seiten gerichtet werden: Die meisten Tube-Seiten basieren auf sogenannten „categorized galleries“. Das Angebot aus professionellen Clips, Amateurvideos und Teasern wird in einem ausdifferenzierten Kategorie-System präsentiert. Die einzelnen Kategorien hat Lewandowski in sechs Hauptmerkmale unterteilt.[110] Diese Kategorien decken ein Spektrum von allgemein üblichen bis zu speziellen Vorlieben ab.[111]

---

107 Ovidie: Pornocracy, (00:01:30).

108 Ovidie: Pornocracy (00:33:50).

109 Ovidie: Pornocracy, 00:48:14.

110 Vgl. Lewandowski: Die Pornographie von Gesellschaft, S. 99ff.

111 Da die Kategorien trotz ihrer Fülle nur einen kleinen Bereich von möglichen Sexualitäten abbilden, wäre es interessant, inwieweit diese zur Auswahl gestellten Kategorien unser Menschenbild und unseren Blick auf Sexualität beeinflussen. Besonders im Bereich Personen mit besonderen Eigenschaften finden sich durchaus rassistische Äußerungen. Beispielsweise haben in Interracial Pornos zumeist schwarze Männer gewaltsamen Sex mit weißen Frauen.

Die meisten der bekannten Seiten haben mittlerweile bis zu 100 verschiedene Kategorien, welche sich, zumindest unter den bekanntesten Seiten, nur wenig voneinander unterscheiden.[112]

Nach sexual Praktiken	Nach Eigenschaften der Darsteller *innen	Nach sexuellen Vorlieben	Nach Anzahl der Darsteller *innen
Anal	Deutsch	Ärsche	Dreier
Cosplay	Alt/Jung	Babe	Gangbang
Creampie	Amateur	Beliebt bei Frauen	
Cuckold	Arabisch	Casting	
Doppel penetration	Asiatisch	Collage	**Nach sexueller Orientierung**
Ergüsse	Babysitter	Exklusiv	
Faust	Blondienen	Füße	
Fetisch	Brasilianisch	Gefangenschaft	Bisexuelle Männer
Handjob	Britisch	Im Freien	Lesbisch
Hardcore	Brünette	Klassiker	Schwule
Harter Sex	Euro	Lustige	
Pissen	Französisch	Massage	
Pussy lecken	Große Schwänze	Party	
Spritzen	Große Titten	Rauchen	
Striptease	Indisch	Schule	
Teens	Italienisch	Spielzeug	
Uniformen	Japanisch		
Blowjob	Kleine Brüste		
Bukkake	Koreanisch		
Gruppensex	MILF		
Masturbation	Mollige		
Solo Mann	Pornostars		
	Reife Frauen		
	Rothaarige		
	Schwarze		
	Shemale		
	Stars		
	Verschiedene Rassen		

Tabelle 1: Eigene Darstellung der vorhandenen Kategorien auf der Seite Youporn.com

112 Dies geht wahrscheinlich mit dem großen Einflussbereich von MindGeek einher, da wie oben bereits erklärt, dieser zu diesem Konzern nahezu alle erfolgreichen Mainstreampornoplattformen gehören.

Allerdings zeigen die unter den Kategorien auffindbaren Videos laut Lewandowski nur selten extreme sadomasochistische Darstellungen. Vielmehr gäbe es bei der Auswahl der Kategorien und dargestellten Praktiken zwar einen „Abbau interner Stoppregeln und [einen] aus diesem resultierenden innerpornografischen Überbietungswettbewerb“[113], welcher die Grenzen des Sadomasochistischen allerdings nur selten überschreitet, sondern die herkömmlichen Praktiken ins Extreme steigere. Somit fände zwar „eine quantitative Steigerung oder Intensivierung, aber keine qualitative Überschreitung der gängigen pornografischen Praktiken statt“.[114] [115]

Die Plattform Pornhub.com veröffentlicht jährlich ihr Year in Review und gibt damit Einblicke in das Nutzerverhalten ihrer Kunden. Laut eigenen Angaben sind dies weltweit 81 Millionen Nutzer pro Tag – was in Anbetracht der Tatsache, dass Erhebungen und Statistiken zum Thema Pornografiekonsum in diesem Größenbereich beinahe unmöglich zu beziehen sind, die weltweit größte Pornostatistik ist. Daher werden die Ergebnisse der Statistik hier als valide angesehen, wenn es sich auch um eine firmeninterne Veröffentlichung handelt und somit nicht offengelegt ist, wie diese Ergebnisse methodisch und statistisch zustande gekommen sind.

Die Vorliebe zu weiblichen Hauptcharakteren im Porno ist nicht zu übersehen. Dies mag daran liegen, dass laut Pornhub-Review[116] nur 26% der Pornhub.com Besucher*innen weiblich sind. Interessant im feministischen Kontext erscheint der Hang zu weiblichen Familienmitgliedern, denen außerhalb der Pornowelt eher übergeordnete, dominante Rollen zugeschrieben werden. Personen wie die eigene Mutter, die Stiefmutter, MILF[117], Schwester oder Stiefschwester sind nach „Hentai“ und „Lesbian“ die meist gesehenen Kategorien[118].

---

113 Lewandowski: Die Pornographie der Gesellschaft, S. 263.

114 Ebd.

115 Siehe hierzu auch Kapitel 1.6.1: „Deep Throats Vermächtnis: Cumshot, Analsex und pornographische Steigerungslogik“.

116 Siehe https://www.pornhub.com/insights/2017-year-in-review.

117 Abkürtzung für "Mother I Like to Fuck".

118 Dies erscheint in Anbetracht der Tatsache, dass die meisten Mainstreampornos eher den heterosexuellen Mann als dominant und der Frau übergeordnet darstellen, als eine mögliche Verknüpfung zur Psyche der pornokonsumierenden Bevölkerungsschicht, die es durchaus interessant wäre zu erforschen.

1.4.5 Female Friendly

Die Kategorie „Female Friendly“ oder auf der deutschen Version von Pornhub.com „Beliebt bei Frauen“ ist bereits seit einigen Jahren auf den meisten Plattformen vertreten. 63,7% der Teilnehmer der im Zuge dieser Arbeit entstandenen Online-Umfrage[119] gehen davon aus, dass feministische Pornografie mit dem Schlagwort „Female Friendly“ in Verbindung steht. Bei einem Blick auf die Kriterien feministischer Pornografie[120] wird jedoch klar, dass die hier auffindbaren Videos nur wenig damit gemein haben. Videos mit Beschreibungen wie „Virgin Brother Creampies Sister“ oder „BBC 18 Year Gets Fucked Hard and Cums“ deuten aufgrund ihrer Semantik bereits auf ein unausgeglichenes Verhältnis der Lust hin, da der männliche Part als der des ausführenden Subjekts am weiblichen Objekt beschrieben wird. Auch weitere Richtlinien feministischer Pornografie[121] sind nicht erfüllt.

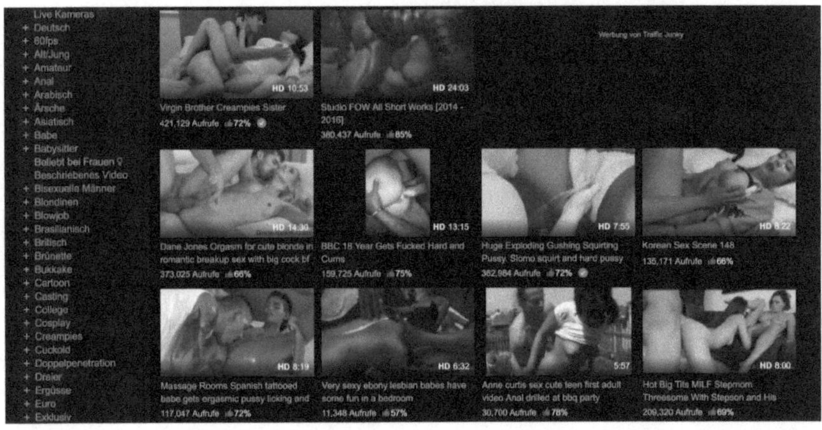

Abbildung 2: Screenshot der Kategorie „Beliebt bei Frauen“ auf Pornhub.com. Vom 14.01.2018

Allerdings ist dennoch ein Wandel feststellbar: YouPorn.com beispielsweise veröffentlichte am Weltfrauentag (8. März 2017) seine „Female Directors Series“. Einen Monat lang tauschte die Plattform das Banner der Startseite, auf dem normalerweise einschlägige Videos, die eher an ein traditionell männliches Publikum angepasst sind,

119 Praktischer Teil dieser Arbeit, dessen Aufbau und Ergebnisse in Kapitel 3 weiter ausgeführt werden

120 Siehe Kapitel 2.3: „PorYes! Kriterien feministischer Pornographie“.

121 Ebd.

mit einem Video über weibliche Pornoregisseurinnen aus.[122] Das Video besteht aus Interviews bekannter Regisseurinnen, beispielsweise Erika Lust oder Vex Ashley, die sich eindeutig der ethisch-feministischen Pornobranche zuordnen. Sie sprechen über die Hintergründe und Produktionsbedingungen ihrer Filme.[123]

Auch Pornhub.com konnte ein Interesse an Alternativen für Frauen verzeichnen: Laut ihrem Jahresbericht 2017 sind die Suchanfragen für „porn for women" so groß wie nie zuvor – die Anzahl der Suchanfragen seien im Vergleich zum letzten Jahr um 359% gestiegen[124]. Pornhub.com schreibt dazu: „Regardless of how you define porn for woman, it feels good to be spreading... the good word"[125]. Die Frage nach der Definition dessen, was im letzten Jahr gesucht wurde, kann Pornhub.com zwar nicht beantworten, verbindet das explodierende Interesse allerdings mit einer Art Befreiung der weiblichen Sexualität durch die „Me-too-Debatte".[126] [127] Die mediale Reflektion sexueller Übergriffe, welche in gefilmter Form teilweise auch im Mainstreamporno an der Tagesordnung sind[128], machte auch die Rufe nach einer Auseinandersetzung mit der weiblichen Lust laut. So schrieb die Journalistin Heike Melba-Fendel in der linkspolitischen Wochenzeitung ‚der Freitag':

> „[Die] #MeToo Debatte um sexualisierte Gewalt ist unvollständig. Denn sie leugnet weibliche Fantasien". [...] Die Femme fatale [...], also jene verheißungs- wie verhängnisvolle Verführerin, die Männer im Dienste des eigenen Begehrens in vielgestaltiges Unglück zu stoßen weiß, ist als Vorschlag für ein weibliches Gesamtkunstwerk nicht einmal mehr im Kino anzutreffen."[129]

---

122 http://www.bento.de/gefuehle/pornografie-warum-youporn-jetzt-mehr-feministische-filme-zeigen-will-481370/ vom 12.04.2016.

123 Siehe Kapitel 2.3: „PorYes! Kriterien feministischer Pornographie".

124 Siehe https://www.pornhub.com/insights/2017-year-in-review

125 Ebd.

126 Siehe https://www.pornhub.com/insights/2017-year-in-review

127 „MeToo" ist ein Hashtag, das ab Mitte Oktober 2017 in den sozialen Netzwerken millionenfach Verbreitet wurde. Frauen wurden ermutigt, es zu verwenden, um auf das Ausmaß sexueller Belästigungen und Übergriffe aufmerksam zu machen.

128 Zitat aus Film/Doku über sexuelle Übergriffe in der Mainstreampornoindustrie

129 https://www.freitag.de/autoren/der-freitag/die-rueckseite-des-begehrens vom 24.12.2017.

1.5 Geschlechterrollen in der Mainstream-Pornografie

Ein großer Teil der kostenlosen Pornografie auf Onlineportalen kann dem Bereich der „Mainstreampornografie" zugeordnet werden. Dabei handelt es sich laut Döring um Produktionen der „etablierten Pornoindustrie [...] die sich hauptsächlich an ein heterosexuelles männliches Publikum richten und männliches Sexualvergnügen in den Mittelpunkt stellen"[130]. Lüdtke-Pilger beschreibt die Komplexität des Angebots der Mainstreampornografie als Reduktion auf den Geschlechtsakt, der entemotionalisiert und mechanisiert dargestellt wird.[131]

Ähnlich definierte auch der australische Medienphilosoph Alan McKee 2008 die Unterschiede der geschlechtsspezifischen Darstellung im Porno: Die Darstellerinnen seien meistens um einiges attraktiver als die Darsteller und der weibliche Körper würde im Gegensatz zum männlichen umfassend in Szene gesetzt; Lesben-Szenen gehörten zum Standard, während Schwulen-Szenen eher eine Randerscheinung seien; Fellatio sei gängige Praxis, Cunnilingus eher selten zu sehen; der männliche Orgasmus würde in Szene gesetzt und endete nicht selten in Form eines ‚Facial Cum Shot", während dem weiblichen Orgasmus nur wenig Beachtung geschenkt würde.[132] [133] Diese Ansicht wird durch eine Studie aus dem Jahr 2006 unterstützt, in der Robert Wosnitzer Gewalt, Erniedrigung und Sexualverhalten in den beliebtesten 250 Mainstreampornofilmen untersuchte.[134] [135] Die Studie liegt zwar einige Jahre zurück und ist somit kein Abbild der aktuellen Wirklichkeit, kann allerdings als Anhaltspunkt gesehen werden. Mit 90,1% war Oralsex von Frauen an Männern der am häufigsten auftretende Sexualakt. Die Ejakulation fand in 96,7% außerhalb der Vagina statt und am häufigsten (58,6%) im Mund der Frau. Auch wurden Gewalthandlungen psychischer und physischer Natur (Beschimpfungen, Schlagen, Würgen etc.) gezählt: 94% aller Gewalthandlungen waren gegen Frauen gerichtet und nur 4% gegen Männer, wobei diese viermal häufiger mit Missfallen darauf reagierten als

---

130 Döring, Nicola: Pornographie-Kompetenz: Definition und Förderung in: Zeitschrift für Sexualforschung, 24,3 (2011), S. 232.

131 Lüdtke-Pilger: Porno statt PorNO! Die neuen Pornografinnen kommen, Marburg: Schüren, 2020, S. 57.

132 Vgl. McKee A.: Porn Report, Melbourne: Melbourne University Press, 2008, S. 65.

133 Siehe auch Kapitel 3.2: „Expert*innen Interviews: Kunst und Kommerzialisierung".

134 Untersucht wurden die, im Zeitraum von sieben Monaten, 250 meist gesehenen und verkauften, auf AVN.com aufgelisteten, Pornofilme von 2004 bis 2005.

135 Vgl. Bridges, Ana J./Wosnitzer, Robert, Scharrer, Erica und co.: Aggression and Sexual Behavior in Best-Selling Pornography Videos: A Content Analysis Updat, in Sage Journals, 16/10, 2010.

Frauen.[136] Dieses asymmetrische Verhältnis kann laut Döring als „bewusste Abwertung der Frau“ oder als „eine Beschränkung auf bestimmte männlichen Interessen“ gelesen werden.[137] Der Gang-Bang repräsentiert laut Lewandowski im heutigen Mainstreamporno die totale Verfügung über den weiblichen Körper:

> „Die Frau, deren Körper zwischen zwei Männern, die sie vaginal und anal penetrieren, gleichsam eingerahmt oder auch eingeklemmt ist, und die zugleich einen oder mehrere Männer fellationiert und/oder masturbiert, ist in einem gewissen Sinne die Ikone der spektakulären Hardcore-Pornografie.“[138]

Die maschinenähnlichen Reaktionen auf die sich ihrer bedienenden Männer hätten weniger die Befriedigung ihrer sexuellen Lust zum Ziel, als die totale körperliche Erschöpfung.[139]

Gewalt und Sexualität scheinen schon immer eng miteinander verschlungen. Dies bezeugt auch die Geschichte des Sadomasochismus, welche bis ins 6. Jahrhundert v. Chr. zurückverfolgt werden kann.[140] Die Frage nach dem Einvernehmen beider Parteien markiert vielmehr das Problem der Pornografiediskussion, denn gerade die Pornografie der Gegenwartskultur ist übersäht mit Szenen sexueller Gewalt. Ist Pornografie Vergewaltigung vor der Kamera oder sind Gewaltpornos Teil einer sadomasochistischen Sexualität? Wo verläuft die Trennlinie?[141] Fest steht, dass Gewalt im Mainstreamporno geschlechtsspezifisch unausgeglichen ausgelebt und somit kein gleichberechtigtes Geschlechterverhältnis abgebildet wird.

---

136 Vgl. Ebd.

137 Vgl. Döring, Nicola: Der aktuelle Diskussionsstand zur Pornografie - Ethik: Von Anti-Porno und Anti-Zensur- zu Pro-Porno-Positionen, in: Zeitschrift für Sexualforschung, 24,1-20 (2011), S. 9.

138 Lewandowski: Die Pornographie der Gesellschaft, S. 262.

139 Ebd.

140 Moretti, Mario/Von Matt, Leonardo: Etruskische Malerei in Tarquinia, Schauenberg: Doumont, 1974, S. 762.

141 Mit diesen Fragen beschäftigte sich auch der Feminismus der 70er Jahre, dessen Streitpunkte und Argumente in Kapitel 1.7 „Sexuelle Revolution und Feminist Sex Wars“ näher erläutert werden.

1.6 Deep Throats Vermächtnis: Cumshots, Analsex und die pornografische Steigerungslogik

Der Film „Deep Throat“ vom Regisseur Gerard Damiano aus dem Jahr 1972 gilt als der erfolgreichste Porno aller Zeiten. Besonders in den USA lief er in etlichen (regulären) Kinos.[142] Zeitlich ist er zwischen der sexuellen Befreiung[143], welche ihm einen emanzipatorischen Stellenwert zusprach und der feministischen Anti-Porno-Bewegung[144], welche ihn als Element patriarchaler Unterwerfung identifizierte, einzuordnen.[145]

Eine Frau, Linda Lovelace, ist auf der Suche nach ihrer Orgasmusfähigkeit und somit ihrer sexuellen Erfüllung. Nachdem eine Reihe von Männern ihr keinen Orgasmus bescheren konnten, gelangt sie zu einem Arzt, welcher das Organ ihrer weiblichen Lust – die Klitoris – in ihrem Hals ausmacht. Nun schlägt der Arzt das *Deep Throating* als adäquate Behandlungsmaßnahme vor, welche ihr mehrfache Orgasmen schenkt. Die Geschichte kann als Damianos Antwort auf die zu jener Zeit öffentlich geführte „Orgasmusdebatte“ gesehen werden. Hier standen Anne Koedts Aufsatz von 1968 „The Myth of the Vaginal Orgasm“ und die „Kinsey Reporte“[146] [147] im Mittelpunkt, welche die penetrationslose Orgasmus-Fähigkeit der Frau bewiesen, der weiblichen Lust einen eigenen Stellenwert gaben und die Klitoris von der Freudschen Version einer mangelhaften Version des Penis als eigenständiges Organ abhoben.[148]

Allerdings wurde dieses weibliche Lust-Organ im Film nun in den Hals der Frau verlagert und die Befriedigung ihrer Lust an die eher der männlichen Befriedigung dienenden Sexualpraxis des „Deep Throatings“ geknüpft. Der Orgasmus von Linda Lovelace wurde mit der sichtbaren Ejakulation des Mannes in ihren Mund und auf ihr Gesicht anschaulich gemacht.

Laut Regisseur Damiano war die Praktik des Deep Throating vor dem Film kaum bekannt. So erzählt er in der Dokumentation „Insight Deep Throat“, er habe nur zufällig von den außergewöhnlichen Fähigkeiten der Hauptdarstellerin Linda Boreman, die zu jener Zeit die Liebespartnerin einer seiner Freunde war, erfahren. Nachdem er sich selbst von ihrem Können überzeugte hatte, schrieb er das Drehbuch

---

142 Vgl. Offermann/Steiml: I want the right to see a dirty picture, S. 376

143 Siehe auch Kapitel 1.7: „Sexuelle Revolution und Feminist Sex Wars“.

144 Siehe auch Kapitel 1.7.1: „PorNo! Stimmen für ein Pornographieverbot”.

145 Vgl. Offermann/Steiml: I want the right to see a dirty picture, S. 376

146 Vgl. Offermann/Steiml: I want the right to see a dirty picture, S. 372 f.

147 Siehe auch Kapitel 1.7: „Sexuelle Revolution und Feminist Sex Wars“.

148 Vgl. Offermann/Steiml: I want the right to see a dirty picture, S. 401.

zum Film.[149] Auch die US-amerikanische Filmwissenschaftlerin Linda Williams bestätigt: „Ab dieser Szene interessierte sich der heterosexuelle Film für Blowjobs als absolute Lust. […] Blowjobs waren allgemein verboten.“[150]

Da der Film maßgeblich dazu beitrug, Pornografie in den Mainstream zu bringen, kann davon ausgegangen werden, dass die gezeigten Sexpraktiken (Deep Throating, Cumshot) einen erheblichen Einfluss auf den weiteren Verlauf der Mainstreampornografie nahmen und somit aus einer Parodie auf die Befreiung der weiblichen Lust *die* aus dem heuten Mainstreamporno nicht mehr wegzudenkende Sexualpraktik des Cumshots machte.

> „Deep Throats Vermächtnis reicht über die sexuell übersättigte Kultur hinaus, von der wir heute umgeben sind, bis zurück zu den Anfängen eines Kulturkrieges, der uns stärker spaltet als je zuvor.“[151]

„Deep Throat“ legte einen Meilenstein für den heutigen Porno, dessen essentieller Bestandteil der „Money Shot“[152] ist. Seit dem Film hat sich in der Industrie immer mehr etabliert, die Wahrhaftigkeit der dargestellten Lust beweisen zu müssen – oftmals im Gesicht der Frau. Laut der bereits besprochenen Studie Wosnitzers enden 96% der im Mainstreamporno gezeigten Ejakulationen außerhalb der Vagina, über die Hälfte davon im Gesicht der Frau[153]. Der Lust-Beweis gehört mittlerweile zum Standardprogramm und macht oft das Ende eines Pornoclips aus.

> „Das wichtigste am Porno ist die Szene, die Geld bringt [der moneyshot]. Jeder will sehen, wie man am Ende kommt. […] Wenn ich im Film nicht kommen kann, habe ich ein Problem, noch weiter Arbeit zu bekommen. […] Der Kameramann, die Frau – keiner sieht Geld, bevor ich das nicht zu Ende bringe.“[154]

Dies berichtet ein Pornodarsteller in der Netflix-Serie „Hot Girls Wanted“. Wie schon die Begeisterung seitens der Rezipient*innen für die Praktik des „Deep

149 Ebd.

150 Barbado/Bailey: Inside Deepthorat, 00:25:41.

151 Barbado/Bailey: Inside Deepthorat, 01:18:25.

152 Vgl. Williams: Hard Core: Macht, Lust und die Traditionen des pornographischen Films, Frankfurt a.M.: Nexus, 1995, S. 137.

153 Vgl. Wosnitzer: Aggresion and Sexual Behavior in Best-Selling Pornographie Videos.

154 Hot Girls Wanted: Money Shot, Netflix, USA, 2015, 00:31:42.

Throating“ 1972 zeigte, geht es im Porno vermehrt um das visuell Spektakuläre, weniger um die tatsächliche Befriedigung einer Lust. Lewandowski spricht von „spektakelorientierter Überschreitung körperlich-sexueller-Reize“.[155]

Auch die Filmkritikerin Linda Williams beschreibt bereits 1989 den „Money Shot“ als den Versuch, den Betrachter*innen glaubhaft zu machen, die Darsteller*innen würden im entscheidenden Moment des männlichen Orgasmus von einer Berührung zu einer rein visuellen ausgelebten Lust übergehen wollen.[156] Weiterführend bezeichnet sie ihn als perfekte Verkörperung der zeitgenössischen Konsumgesellschaft, da er die perfekte Verbindung von Geld und sexueller Lust – „diese beiden zugleich wertvollen und schmutzigen Dinge“ kombiniert.[157] Dieses, für den visuellen Reiz der Zuschauer geschaffene Beweis-Werkzeug, scheint sich allerdings im Laufe der Pornografie-Sexualisierung der letzten Jahre seinen Weg in die realen Betten der Konsument*innen erkämpft zu haben. Leider gibt es noch keine verlässliche Langzeitstudie explizit zum Phänomen des Cumshots, allerdings lässt sich bereits ein deutlicher Anstieg anderer pornografischer Praktiken in Teenagerbetten feststellen. So erforschten Marson und Lewis 2014 in einer qualitativen Studie[158] das Analsex-Verhalten 130 britischer, heterosexueller Jugendlicher im Alter von 16 bis 18. Die männlichen Jugendlichen nannten oftmals Pornografie als Inspirationsquelle für ihr Verlangen nach Analsex. Dies wird auch von einer Metaanalyse der New York Times[159] bestätigt, welche die Ergebnisse der größten amerikanischen Studie[160] zum Sexualverhalten in den USA aus dem Jahr 1992 mit denen von 2009 vergleicht, untermauert. Aus ihr geht hervor, dass die Anzahl der Analsex praktizierenden Frauen zwischen 18 und 24 von 16% im Jahr 1992 auf 40% im Jahr 2009 gestiegen ist. Ausschlaggebend für den Anstieg sei mit großer Wahrscheinlichkeit das Aufblühen der Internetpornografie in den Jahren zwischen 1992 und 2009. Auch wird das Ergebnis einer schwedischen Studie aus dem Jahr 2016 herangezogen. Aus ihr geht hervor, dass die Analsex-Bereitschaft der 400 16–jährigen befragten Mädchen um 50% steigt, wenn diese Pornografie konsumieren.[161]

---

155 Lewandowski: Die Pornographie der Gesellschaft, S. 264.

156 Vgl. Williams: Hard Core, S. 144.

157 Ebd. S. 150

158 Marston, C./Lewis, R.: Anal heterosex among young people and implications for health promotion: a qualitative study in the UK,4,8 (2015).

159 https://www.nytimes.com/2018/02/07/magazine/teenagers-learning-online-porn-literacy-sex-education.html?smid=tw-nytimes&smtyp=cur vom 7.2.2018, Zugriff am 18.2.2018.

160 Herbenick, D./Reece, M./Sanders, SA. Und co.: Sexual behavior in the United States: results from a national probability sample of men and women ages 14-94, in: The Journal of Sexual Medicine, USA, 7,5 (2010).

161 https://www.nytimes.com/2018/02/07/magazine/teenagers-learning-online-porn-literacy-sex-education.html?smid=tw-nytimes&smtyp=cur vom 7.2.2018, Zugriff am 18.2.2018.

Mit Blick auf den heutigen Mainstreamporno kann demnach eine eindeutige Steigerungslogik erkannt werden, welche die gängigen pornografischen und sexuellen Praktiken übersteigern, indem Körper in sexuelle Extremsituationen gebracht werden.[162] Die Praktik des „Gaggings" beispielsweise stellt eine Extremform des Deep Throatings dar, welche die eigentlich aktive, Fellatio ausführende Person in eine passive Position drängt, da ihr Mund an die Stelle eines passiven Geschlechtsorganes rückt. Als einzig aktive Reaktion des passiven Objektes wird der Würgereflex, der der Praktik seinen Namen gibt, hervorgerufen, während die Gagging gebende Figur von einem unterwerfenden Sexualsubjekt zu einem benutzbaren Objekt degradiert wird.[163] Allerdings findet sich in der Pornografie häufig eben jenes Wollen der eigenen Unterwerfung dargestellt, so dass eine Differenzierung schwierig sein kann.[164]

1.7 Sexuelle Revolution und Feminist Sex Wars

> „Bevor das Verhältnis Feminismus – Pornografie reartikuliert werden kann, gilt es zu verstehen, wie es artikuliert wurde. In der alten wie in der neuen feministischen Pornodebatte geht es allerdings nicht bloß um den Stellenwert des Porno – es ist ein Kampf um Artikulationsmacht, nicht nur um die Artikulation dieses Verhältnisses, sondern der Artikulation des Feminismus selbst, darüber, was überhaupt ‚feministisch' sein kann. Es geht auch darum, wie Frau-sein, Sexualität und Begierde und Pornografie an sich konstruiert wird."[165]

Um den vom Autor Partick Catuz angesprochenen Kampf um Artikulationsmacht, die Definition des Feminismus und den feministischen Blickwinkel auf Pornografie nachvollziehen zu können, bedarf es einer geschichtlichen Auseinandersetzung mit der „Sexuellen Revolution". Um dies zu verdeutlichen, wird hier primär der im politisch links einzuordnenden transcript-Verlag publizierte Aufsatz „I want the right to see a dirty picture" Offermanns und Steimls herangezogen, da er einen umfassenden und detaillierten Einblick in die feministischen Blickwinkel jener Zeit gibt.

---

162 Vgl. Ebd.

163 Vgl. Lewandowski: Die Pornographie der Gesellschaft, S. 263.

164 Ebd. S. 267

165 Catuz, Patrick: Feminismus Fickt! Perspektiven feministischer Pornographie, Wien/Münster: LIT, 2013, S. 53.

In den USA und anderen westlichen Ländern fand in den 60er Jahren ein Umdenken bezüglich der menschlichen Sexualität statt, welches in Forschung und Popkultur als „Sexuelle Revolution“ bekannt ist.
Dieser Revolution lag der Gedanke zugrunde, dass Sex ein zentraler Punkt des Lebens sei, welchen es zu befreien und zu bejahen gelte. Banner mit Aufforderungen zu „free love“ sollten die kirchlich geprägte, negative und konservative Konnotation des Sex bekämpfen und an dessen Stelle eine ganzheitliche, nicht autoritäre, Körper und Geist einbeziehende Sexualität hervorrufen.[166] Die Tabuisierung der Nacktheit wurde abgelehnt und von Nudist*innen, Aktivist*innen und Hippies gebrochen. Ab 1960 löste die Anti-Baby-Pille den kirchlich gepredigten reinen Reproduktionszweck vom Sex ab und schenkte den Frauen ein Stück sexuelle Selbstbestimmung.[167]

Einen weiteren Meilenstein in den USA bildeten die bereits angesprochenen „Kinsey Reporte“. Sie wiesen zum ersten Mal darauf hin, dass das menschliche Sexualverhalten (Homosexualität, Masturbation und außerehelicher Sex) ein durchaus größeres Spektrum aufweist, als seitens der Kirchen propagiert wurde.[168] Beziehungsentwürfe abseits der konservativen Mutter-Vater-Kind-Familie fanden in der Gesellschaft großen Anklang und der Slogan „Sex, Drugs and Rock´n´Roll“ wurde in den Massenmedien als neues Lebensmotto gefeiert.

Einer der wichtigsten Punkte der gesellschaftlichen Sexualität, die Gleichberechtigung der Geschlechter, wurde jedoch seitens einiger Feministinnen weitestgehend ausgelassen. Somit wurden Ende der 60er Jahre die Rufe nach einer zweiten, richtigen Revolution laut. In den USA bildeten sich 1967 sogenannte „consciousness raising groups“ (CR Groups) und setzten sich gegen die Kommerzialisierung des weiblichen Körpers in Zeitschriften und Werbung ein. Für sie war die weibliche Sexualität sanfter und natürlicher als die der Männer und somit identifizierten sie die Wurzel sexueller Belästigung, häuslicher Gewalt und Vergewaltigung in der patriarchischen Gesellschaft und das kapitalistische System als Nährboden des Patriachats, welches es nun umzustürzen galt.[169] Spätestens zu dieser Zeit wurde Pornografie nicht mehr nur für die Verwendung weiblicher Körper kritisiert – vielmehr wurde sie von einem bestimmten radikalfeministischen Lager als Ursache sexueller Gewalt an Frauen erkannt. Diese feministische Splittergruppe forderte nun lautstark ein gänzliches Pornografieverbot. Die aufkommende radikale Kritik an der sexuellen Revolution wurde wiederum von anderen Feministinnen kritisiert und beispielsweise seitens

166 Vgl. Offermann/Steiml: I want the Right to see a dirty Picture, S. 370ff.

167 Ebd.

168 Ebd.

169 Offermann/Steiml: I want the right to see a dirty Picture, S. 374 f.

der Journalistin Ellen Willis[170] als „sexual conservatism" bezeichnet, da diese Ansicht Frauen untersage, aus freien Stücken an der „free-love" Bewegung teilzunehmen.[171] Der feministische Kampf für sexuelle Selbstbestimmung der Frau zerbrach an dieser Stelle in zwei Lager: Anti-Porno und Sex-positiv-Feminismus. Diese, vor allem in den USA geführte Debatte der beiden Lager, wurde als „Feminist Sex Wars" bekannt und wird in den folgenden Kapiteln erläutert. [172]

1.7.1 PorNo! Stimmen für ein Pornografieverbot

Gegen Ende der 70er Jahre veränderte sich die Bedeutung des Begriffes Pornografie aus anti-pornografischer Sichtweise grundlegend: Alle medialen Darstellungen von Sex wurden als beleidigend, erniedrigend oder enthemmend angesehen. Pornografie galt nun per se als frauenverachtend und sexistisch.[173] Bis heute steht in der „Routledge Encyclopedia of Philosophie" Pornografie definiert als:

> "the graphic, sexually explicit subordination of woman weather in pictures or in words [...]. Women are presented dehumanized, as sexual objects or commodities, or as whores by nature, or as experiencing sexual pleasure in being raped."[174]

Diese Umschreibung stammt von Andrea Dworkin und Catherin McKinnons, zwei der bedeutendsten Vertreterinnen der US-amerikanischen anti-pornografischen Debatte.

Die Anti-Porno-Feministinnen waren der Meinung, weibliche und männliche Sexualität seien deutlich verschieden voneinander und stünden in einem asymmetrischen Machtverhältnis zueinander: Männliche Sexualität sei aggressiv, gewalttätig,

---

170 Auf Ellen Willis 1981 veröffentlichten Aufsatz 'Is the Womans Movement Pro-Sex?' geht der Begriff pro-sex zurück, welcher in den sogenannten feminist-sex-wars die Gegenstimme zu anti-porn einnahm.

171 Willis, Ellen: No More Nice Girls. Contercultural Essays, Hanover: University of Minnisota Press, 1992, S. 5.

172 Offermann/Steiml: I want the right to see a dirty Picture, S. 374 f.

173 Vgl. Offermann/Steiml: I want the right to see a dirty Picture. 386.

174 Edward Craig (Hrsg.), Routledge of Encyclopedia of Philosophy, 10, Bd. 7: Irigaray-Lushi chunqiu, London/New York: Routledge, S. 543.

dominant und herrsche über die weibliche Sexualität, während die weibliche Sexualität sich-selbst-unterwerfend und passiv sei. Pornografische Bilder konstruierten somit sexuelle Gewalt und Unterwerfung, die es auszumerzen gelte.[175]

Diesem Denkmuster spielte auch die Unterscheidung zwischen Pornografie und Erotika zu. Dieser Unterschied wurde daran festgemacht, ob Genitalien in Aktion gezeigt wurden. Erotika wurde als visuelles Material explizit für Frauen verstanden, welches der Pornografie gegenüber als abgeschwächt erschien, beziehungsweise weniger eindeutige Szenen, dafür mehr Rahmenhandlung beinhaltete.[176] Demgegenüber stand die Sexualpraktik des Sadomasochismus, welche zu jener Zeit vermehrt auch von Feministinnen praktiziert wurde. Die dem Sadomasochismus gegenüber offen eingestellten Frauen wurden seitens der Anti-Porno-Feministinnen angeklagt; sie hätten die gewaltförmige Sexualität des patriarchalen Sexualitätsregimes verinnerlicht und übernommen und würden somit nicht aus freiem Willen handeln[177]:

> „Pornografie ist die Theorie und Vergewaltigung die Praxis.“[178]

Aussagen wie die der politischen Aktivistin Robin Morgan häuften sich und fanden in der 1980 veröffentlichten Autobiographie Linda Boremans[179] ihren Beweis. Linda Boreman schreibt, dass sie für den Film gegen ihren Willen zu sexuellen Handlungen gezwungen worden war – beispielsweise mit einer Waffe zum Üben des „Deepthroatings“ und sagte später öffentlich:

> “Virtually everytime someone watches that movie, they´re watching me being raped.”[180], [181]

Diese Aussage stützt die Anklage Andrea Dworkins, es gäbe eine fundamentale Verwechslung zwischen dem im Pornofilm sichtbaren Bild und den Bedingungen, unter

---

175 Offermann/Seiml: I want the right to see a dirty picture, S. 374ff.

176 Ebd.

177 Ebd. S. 396.

178 Vgl. Morgan, Robin: Going Too Far.: The Personal Chronicle of Feminist, New York: Random House, 1977, S.333.

179 Hauptdarstellerin im Film ‚Deep Throat’, Siehe Kapitel ‘Deep Throat’.

180 Barbado/Bailey: Inside Deep Throat, 01:10:18.

181 Diese Aussage wurde im Nachhinein vom Regisseur Daminao negiert, indem er Linda unterstellt, sie hätte immer eine Person gebraucht, die ihr sage was sie tun solle. Dies war erste ihr Freund, der sie ins Pornogeschäft brachte und später die anti-porn Aktivistin Dworkin. Zitiert nach Gerard Damiano, Inside Deep Throat, 01:13:51.

denen er produziert wurde.[182] Da die öffentliche Debatte um ein Pornografieverbot allerdings im Rest der Gesellschaft wenig Früchte trug, wurde ab Anfang der 80er Jahre der juristische Weg eingeschlagen. In den USA kämpften die Anti-Porno-Feministinnen vermehrt an der Seite der konservativen Politiker*innen, welche Pornografie aufgrund ihrer Sexualisierungskraft in der Gesellschaft als Feindbild des traditionellen Familienbildes identifizierten.[183] Daraufhin wurden Pornokinos und Sexshops nur noch in gewissen Zonen erlaubt, was dem „Porn Chick" der 70er ein Ende setzte und Pornografiekonsum wieder in den Bereich des Obszönen verstieß.

Auch in Deutschland fand zu dieser Zeit ein Wandel statt: Mit der PorNo Kampagne stellte Alice Schwarzer 1987 in Deutschland ihren Gesetzesentwurf[184] gegen Pornografie vor, da Pornografie aufgrund der ihr innewohnenden Objektivierung von Frauen und Verherrlichung sexueller Gewalt an Frauen gegen das Menschenrecht der Würde und Freiheit verstoße.[185] Das Gericht wies die Klage allerdings zurück, da Frauen nicht kollektiv beleidigungsfähig seien.[186]

Der Autor Michael Bader nennt 2016 als Hauptangst der Anti-Porno-Debatte das Moment der Gefahr, die gesellschaftliche Realität durch Pornografie als visuelles Massenmedium in eine sexistische, Frauen objektivierende Richtung hin zu konstruieren.[187] Männern würde im heterosexuellen Mainstreamporno das Bild vermittelt, sie wären das aktive Subjekt des Szenarios, während Mädchen schon früh lernten, dass sie lediglich sexuelle Objekte für männliches Begehren seien.[188]

---

182 Offermann/Steiml: I want the right to see a dirty Picture, S. 382

183 Ebd.

184 Pornografie definierte sie wie folgt: Pornografie ist die Verharmlosende oder verherrlichende, deutlich erniedrigende sexuelle Darstellung von Frauen oder Mädchen in Bildern und/oder Worten, die eins oder mehrere der folgenden Elemente enthält: 1. die als Sexualobjekt dargestellten Frauen/Mädchen genießen Erniedrigung, Verletzung oder Schmerz; 2. die als Sexualobjekt dargestellten Frauen/Mädchen werden vergewaltigt - vaginal, anal, oder oral; die als Sexualobjekt dargestellten Frauen/Mädchen werden von Tieren oder Gegenständen penetriert - in Vagina oder After; 4. die als Sexualobjekt dargestellten Frauen/Mädchen sind gefesselt, geschlagen, verletzt, misshandelt, verstümmelt zerstückelt oder auf andere Weise Opfer von Zwang oder Gewalt" (Schwarzer: PorNo!, S. 54). Damit schloss sie beinahe jegliche Form der Darstellung sexueller Handlungen aus.

185 Schwarzer, Alice: PorNo - Emma Sonderband 5. Die Kampagne - Das Gesetz - Die Debatte, Köln: EMMA Frauenverlags Gruppe, Bd. 5, 1988, S. 43-45.

186 Offermann/Steiml: I want the right to see a dirty Picture, S. 379.

187 Vgl. Bader, Michael: PorNo! Radikalfeministische Positionen gegen Pornographie, In: Schmidt, Anja (Hg.): Pornographie. Im Blickwinkel der feministischen Bewegungen, der Porn Studies, der Medienforschung und des Rechts, Baden-Baden:Nomos, 2016, S. 29.

188 https://drcarolineheldman.com/2012/07/02/sexual-objectification-part-1-what-is-it/ vom 2.7.2012, Zugriff am 20.01.2018.

1.7.2 Entwicklungen zum Sex-Positive-Feminismus

Wichtiger Bestandteil der feministischen Pornodebatte ist Laura Mulveys Artikel „Visual Pleasure and Narrative Cinema“ von 1975, in dem sie auf die drei Formen des Blickes, welche die filmischen Strukturen lenken, aufmerksam macht. Der Blick der Kamera, der Zuschauer*innenblick und der Blick der Darsteller*innen seien alle von der patriarchalen Geschlechter-Hierarchie beeinflusst und würden somit immer einen männlichen Blick bei den Zuschauer*innen erzeugen. Die Lust am Schauen werde in einer Gesellschaft der sexuellen Ungleichheit in „aktiv/männlich und passiv/weiblich“ unterteilt. Somit gäbe es in dieser Welt nie einen aktiven, kontrollierenden und lustvollen weiblichen Blick, auch wenn es Frauen seien, die blicken.[189] Auch reiche es laut Kapeler nicht aus, das *Was*, also die Inhalte pornografischer Darstellungen zu kritisieren – vielmehr solle das *Wie,* die Art der Darstellung betrachtet und verändert werden.[190] Diese Ansichten wurden allerdings von anderen Feministinnen wiederum kritisiert, da das Konzept weniger dem Wiederstand gegen die vorherrschenden patriarchalen Strukturen diene, als es diesen allzu große Macht zuspräche, die sie gar nicht besäße.[191] Und so wurde laut Offermann und Steiml aus dem anti-pornografischen Wiederstand gegen die Herrschaftspraktiken in der Pornografie immer mehr ein verallgemeinerter Opferdiskurs, welcher der Pornografie eine universelle Macht zusprach, die sie faktisch nicht besaß.[192]

Somit wurden parallel zu den radikalen Anti-Porno-Stimmen Anfang der 80er Jahre Rufe laut, Pornografie habe das Potential, sexuelle Lust und sexuelles Wissen auch gegen bestehende Normen anzuregen und sei somit wichtiger Beitrag zur Befreiung der weiblichen Sexualität.[193]

> “It is not enough to move women away from danger and oppression; it is necessary to move toward something: toward pleasure, agency, and self-definition. Feminism must increase woman´s pleasure and joy, not just decrease our misery.”[194]

---

189 Mulvey, Laura: Visuelle Lust und narratives Kino in: Texte zur Theorie des Films, Stuttgart: Reclam, 2003, S. 397.

190 Kapeler, Susanne: Pornographie: Die Macht der Darstellung, München: Frauenoffensive, 1988,, S. 8.

191 Vgl. Offermann/Steiml: I want the Right to see a Dirty Picture, S. 393.

192 Vgl. Ebd.

193 Offermann/Steiml: I want the Right to see a Dirty Picture, S. 398f.

194 Vance, Caroline S.: Pleasure and Danger: Towards a Politics of Sexuality, London: Boston Routledge & K. Paul, 1984, S. 3.

Dies war der Gedanke hinter der 1982 in New York abgehaltenen feministischen Barnard-Konferenz „Towards a politics of Sexuality". Ziel war es, den feministischen Diskurs auf eine sex-positive Weise zu unterbrechen. Da die Anti-Porno-Feministinnen zum einen nicht zur Konferenz eingeladen waren und zum anderen die sex-positive Bewegung S/M-Praktiken befürwortete, entbrannte hier der Höhepunkt der „Porn-Wars". Mit besonderem Blick auf S/M wurde die Trennung zwischen Inszenierung und Darstellung wichtiger Bestandteil der weiteren Diskussion. Denn laut Rubin handelt es sich bei der medialen Darstellung von Sexualität immer um eine Inszenierung, demnach könne auch bei BDSM aufgrund der dargestellten Sexualität kein Urteil über die Produktionsbedingungen gefällt werden.[195]

Bezugnehmend auf die „Porn-Wars" äußert sich Drucilla Cornell 1997 indem sie ein Reformprogramm der Pornoindustrie vorschlägt, in dessen Kern die Selbstorganisation der Beschäftigten steht. Außerdem geht es ihr um die Wahrung der bürgerlichen Rechte der Darsteller*innen und um die „Befreiung des weiblichen Imaginären". Selbst beschreibt sie ihren Ansatz als „ethischen Feminismus", den sie eindeutig mit der Erweiterung des weiblichen Sexualitätshorizontes einhergehen lässt.[196] Mit diesem Ansatz gilt sie als richtungsweisend für den heutigen feministisch/ethischen Pornografieansatz und definiert unter anderem die Eckpunkte der Kriterien für PorYes-Filme[197], welche im Folgenden näher betrachtet werden sollen.
Bisher wurde versucht, einige der verschiedenen Argumentationsstränge der feministischen Debatte um Pornografie aufzuzeigen. Hieraus lassen sich nun drei Hauptkritiklinien filtern:

Die Linie der Produktion:

Kritik an den Arbeitsbedingungen der in der Pornoindustrie tätigen Menschen. Hierbei spielt die Forderung nach fairer Bezahlung und ethischem Umgang eine große Rolle.

Die Linie der Wirkung:

Die von den pornografischen Bildern ausgesendeten Codes, Zeichen und Handlungen, welche eine gewisse Wirkung oder Beeinflussung beim Publikum erzielen. Hierbei wird besonderer Wert auf eine Dekonstruktion der weiblichen Objektrolle und das Abschaffen nicht einvernehmlicher Gewalt gelegt.

---

195 Offermann/Steiml: I want the Right to see a Dirty Picture, S. 396.

196 Cornell, Drucilla: Die Versuchung der Pornographie - Gender Studies, Frankfurt: Surkamp, 1995, S.10.

197 PorYes wird als das Kürzel für sexpositiven Feminismus gesehen, welcher sich seit den 70er Jahren für eine positive Darstellung von Sexualität einsetzt.

Die Linie der gesellschaftlich vordefinierten Machtverteilung:

Die Auseinandersetzung mit der Frage nach einem vordefinierten und durch Pornografie propagierten Verhältnis zwischen den Geschlechtern.

Diese Punkte sind wichtige Bestandteile der fortlaufenden feministisch/ethischen Pornografiedebatte und bilden die Kriterien für die PorYes-Filme, welche im folgenden Kapitel näher erläutert werden sollen. Im Weiteren wird der Versuch gewagt, die Grenzen des feministischen Pornos auszuloten, um somit einem Status quo der alternativen Pornoszene näher kommen zu können. Da dieses Feld allerdings noch recht jung ist und sich gerade erst aufzustellen scheint, kann leider nur auf sehr wenig Fachliteratur zurückgegriffen werden, weshalb bei der Recherche vermehrt auf Zeitungs- und Zeitschriftenartikel, Blogbeiträge und Videobeiträge zurückgegriffen wird.

Ein Hauptwerk stellt das E-Book „Kommen mit Stil" dar, welches 2016 von Theresa Lachner, der Autorin eines der größten deutschen alternativen Sex-blogs, „Lvstprinzip.de", geschrieben wurde. Dieses Buch ist besonders interessant, da Lachners Sicht als sex-positive Redakteurin der jüngsten Zeit einen vermeintlich umfassenden Blick auf den Status Quo zu repräsentieren vermag.

> „Ich wünsche mir eine neue Gesprächskultur, in der Pornovorlieben genau so entspannt diskutiert werden können wie Musikgeschmack oder der letzte Arthausfilm."[198]

198 Lachner, Theresa: Kommen mit Stil - der Guide für nachhaltigen Porno, Berlin: Lvstprinzip Publishing, 2016, S. 13.

2.1 Perspektiven alternativer Pornografie Produzent*innen

Im Laufe dieses Kapitels werden einige Produzent*innen ethisch feministischer Pornografie genannt, einige sollen hier vorab kurz beschrieben werden:

Erika Lust:

> "I have pledged to create new waves in adult cinema, bringing you films that show all of the passion, intimacy, love and lust in sex."[199]

Erika Lust dreht seit 2005 in Barcelona feministische Pornofilme. Außerdem unterhält sie eine Aufklärungsseite, die Eltern dabei helfen soll, mit der heranwachsenden Sexualität ihrer Kinder umzugehen. Des Weiteren unterstützt sie Filmemacher*innen finanziell, ihre filmischen Projekte umzusetzen und verbreitet auf der Plattform Lustcinema.com pornografische Filme, welche nach ethischen Maßstäben produziert werden. Erika Lust Films erfreut sich einer immer größer werdenden weltweiten Community und sie wird in vielen Magazinen und Zeitungen als „Pionierin des euen Pornos"[200] gefeiert.

Lucie Blush

> "Why reduce Sex to a mechanical act? Real pleasure, empowered woman, natural bodies, men who are not machines... This is what I want to see in porn."[201]

Lucie ist Performerin und Produzentin ethischer Pornografie. Sie arbeitet und lebt seit vier Jahren in Berlin. Allerdings grenzt sie sich seit einiger Zeit vom Feminismus ab, da sie die Meinung vertritt, dass sich der Feminismus in Einzelheiten verrenne und somit die Wurzel der Missstände in der Pornoindustrie übersehe.[202]

---

199 Siehe https://www.lustcinema.com/about Zugriff am 20.03.18.

200 http://www.huffingtonpost.ca/carlen-costa/erika-lust-feminist-porn_b_7088540.html?utm_hp_ref=tw vom 19.06.2015, Zugriff am 20.03.18.

201 Siehe https://www.luciemakesporn.com Zugriff am 20.03.18.

202 https://www.welovegoodsex.com/why-im-not-a-feminist-anymore/ vom 07.08.2017.

PorYes/Laura Méritt

> „Die Pornoindustrie ist stark von sexistischen Darstellungen geprägt. Frauen werden häufig als passive Objekte gezeigt, die wie selbstverständlich die Wünsche des Mannes bedienen. Männer werden zu unsensiblen, irrealen Dauerständern reduziert.“[203]

Seit 2009 wird unter der Schirmfrauschaft Laura Méritts in Berlin der PorYes-Award, ein internationaler feministischer Filmpreis, verliehen. PorYes setzt sich für eine sexpositive Darstellung der weiblichen Lust und der aller anderen Geschlechter ein. PorYes hat einen Kriterienkatalog für feministische Pornografie zusammengestellt, welcher im folgenden Kapitel ausführlich dargestellt wird.[204]

2.2 PorYes! Kriterien feministischer Pornografie

Die folgenden Kriterien gelten als Leitfaden für eine feministische, ethische Pornoproduktion. Sie wurden von feministisch bewegten Frauen auf verschiedenen Konferenzen und Diskussionen herausgearbeitet und werden fortlaufend ergänzt:
Ein Film muss drei Mindestanforderungen erfüllen, um als „PorYes-Film“ zu gelten:

- Die sexpositive Darstellung weiblicher Lust (wie auch die anderer Geschlechter).
- Das Aufzeigen vielfältiger sexueller Ausdrucksweisen.
- Das maßgebliche Mitwirken von Frauen am Filmset bzw. hinter der Kamera oder in der Regie.[205]

Der Katalog enthält weitere Anforderungen und Richtlinien, welche bei der Produktion entsprechender Filme helfen sollen. Da Mainstream-Pornos sich laut PorYes durch die Fokussierung auf den Mann und seine Bedürfnisse auszeichnen, Standardpraktik die Penetration mit dem Penis in alle weiblichen Öffnungen sei und als Hö-

---

203 Siehe http://www.poryes.de/warum-poryes/.

204 Siehe http://www.poryes.de/warum-poryes/.

205 Ebd.

hepunkt oder Abschluss die männliche Ejakulation, häufig ins Gesicht der Frau, gezeigt würde, steht die Abgrenzung zum Mainstream weit oben im Katalog.[206] Weitere Kriterien können der offiziellen Webseite von PorYes entnommen werden und sind nachfolgend stichpunktartig aufgelistet:

- Sex-positive Grundeinstellung, keine menschen- und frauenverachtenden Darstellungen.
- Praktiken in Absprache mit den Agierenden/keine Grenzüberschreitungen.
- Ethische Arbeitsbedingungen/Safer-Sex-Einsatz begrüßenswert.
- Die Agierenden werden in Beziehung zueinander gezeigt, Augen-, Haut-, Hände- und Körperkontakt, Energieaustausch.
- Emotionen und Liebesbekundungen sind erwünscht, machbar und zeigbar.
- Vielfalt der Kamera-Einstellungen, Licht- und Schattenspiel.
- Variationen der Sex-Praktiken in freudvollem Übergang, keine Leistungsschau; Erweiterung des stereotyp dargestellten Spektrums.
- Vielfalt der Körpertypen, Personen verschiedenen Alters, Geschlechtes, sexueller Orientierung und ethnischen Hintergrundes.
- Authentische Tonaufnahmen oder Musik, keine Geschlechterstereotypen verstärkenden Synchronisationen des Gestöhnes.
- Darstellung von Lust und Freude, Schwerpunkt auf weiblicher Lust und deren Vielfalt.
- Keine schematische Darstellung der sexuellen Höhen-Verlaufskurve, d. h. kein geradliniges Hinarbeiten auf die Ejakulation des Mannes, keine Betonung männlicher Cumshots. Orgasmen sind nicht das einzige Ziel.
- Frauen sind maßgeblich an der Produktion des Filmes beteiligt, als Produzentin, Regisseurin oder Kamerafrau.[207]

Zusammenfassend zeichnet sich laut Méritt der feministische Pornofilm dadurch aus, dass er von der alles einbeziehenden Vielfalt der Sexualität lebe. Gerade das Offenlegen des Reichtums und der Veränderbarkeit der Sexuellen Freuden sei die sexpositive Botschaft von PorYes.

---

206 Vergleiche hierzu auch Méritt, Laura: PorYes! in: Schuegraf und Tillmann: Pornografisierung von Gesellschaft, S. 375 ff.

207 Siehe http://www.poryes.de/hintergrund/ Zugriff am 4.4.18.

2.3 Feministischer Porno: Label oder Schublade?

> „Bei dem Begriff Feminismus geht eine Schublade auf und im Zweifelsfall sitzt Alice Schwarzer drin. So sehr ich sie schätze – das ist nicht produktiv. Feminismus hat ein schlechtes Image. Wenn man etwas ändern will, kann man nicht mit einem so vorbelasteten Begriff anfangen."208

Mit ihrem Buch „Die neue F-Klasse: wie die Zukunft von Frauen gemacht wird" stieß Thea Dorn 2006 eine Diskussion über den Feminismusbegriff an, welche auch in der heutigen Pornografiedebatte immer wieder zur Sprache kommt. Der Begriff sei bereits vorbelastet und das „fem" im Wort deute bereits auf eine rein weibliche Perspektive hin. Aber auch aufgrund seiner in den vorhergehenden Kapiteln beschriebenen Geschichte sei das Wort bereits mit einem Deutungsschema belegt.

So stößt auch Erika Lust immer wieder an die Grenzen des gesellschaftlichen Verständnisses des Feminismus. In einem Interview mit der Süddeutschen Zeitung berichtet sie, dass besonders Männer gewisse Schubladen für feministische Pornografie bereithalten. So werde sie oft gefragt, ob feministischer Porno „mit hässlichen Frauen", „Haaren unter den Achseln" oder Männer unterdrückenden Frauen arbeite.[209] Dass sich große Teile eines neueren Feminismus allerdings für eine generelle Gleichberechtigung aller Geschlechter und Menschen einsetzen, ist auf den ersten Blick oft nicht ersichtlich. Dies kann besonders bei diskursfernen Menschen für Verwirrung und Desinteresse sorgen.

Anhand der Omnipräsenz von Pornografie und der alltäglichen Nutzung dieser in allen gesellschaftlichen Schichten[210] kann nicht davon ausgegangen werden, dass jede oder jeder Pornokonsument*in eine zeitgemäße Einschätzung des Feminismus und somit des feministischen Pornos hat. Denn wie dem neueren Feminismus geht es den neuen feministischen Pornografieströmungen nicht mehr primär darum, die unterdrückten Frauen zu befreien – vielmehr geht es um einen generellen ethischen und fairen Umgang mit allen Beteiligten, vor und hinter der Kamera. Dies wird auch durch ein Statement der PorYes-Aktivist*innen deutlich:

---

208 http://www.taz.de/!350788/ vom 18.11.2006.

209 http://www.sueddeutsche.de/leben/filmemacherin-erika-lust-porno-kann-den-leuten-helfen-1.3328931 vom 13.01.2017.

210 Siehe auch Kapitel 1.4: „Internet Pornographie".

„In den letzten 35 Jahren [haben der gesellschaftliche Wandel und die Frauenbewegung] die Sexualmoral verändert und eine Verhandlungsmoral eingeführt. Die Sexualwissenschaft spricht von einer grundlegenden Veränderung der sexuellen Verhaltensmuster durch die Frauen. Durch beständige Aufklärungsarbeit, [...] und mittlerweile auch Frauenpornos hat sich ein anderer, entspannterer Umgang mit Sexualität durchgesetzt. Diese neu definierten Bedürfnisse fanden mittlerweile auch Eingang in der hochkommerziellen Sexindustrie, die nun ebenfalls hübsche Spielzeug-Kollektionen und Mainstreampornos für Frauen anbietet. Dieser positive Schritt kann allerdings nicht darüber hinweg täuschen, dass die Mehrheit der führenden Produktionen auf unethischen und umweltzerstörenden Arbeitsbedingungen basiert."[211]

Auch Lachner vertritt einen feministischen Ansatz, stellt allerdings fest, dass Namensgebungen wie „ethisch", „fair" oder „nachhaltig" auf dasselbe Ziel hinarbeiten: „fair und mit dem richtigen Mindset produziert, inhaltlich wie ästhetisch spannend, sexy und erregend."[212] Ähnlich beschreibt auch Erika Lust weiterführend im Interview, dass ein guter Porno für sie immer automatisch feministisch sei und es demnach keinen zwingenden Bedarf an der Kategorie „feministischer Porno" geben sollte.[213]

2.4 Begriffsverwirrung: Erotika, Feministischer Porno, Ethical Porn oder Adult Cinema?

Die Kriterien feministischer Pornografie können als Nährboden für eine komplette Pornografieströmung gesehen werden. Das Feld der Alternativen zum Mainstreamporno hat sich, besonders in den letzten Jahren, weiter aufgefächert und erfreut sich eines zunehmenden gesellschaftlichen und medialen Interesses.

Allerdings scheint es noch einige Ungereimtheiten bezüglich der Namensgebung des Genres zu geben. So hat es den Anschein, dass jeder Produzent/jede Produzentin den eigenen Werken ein eigenes Label gibt. Diese Annahme bestätigen auch

211 Siehe http://www.poryes.de/hintergrund/.

212 Lachner, Theresa: Kommen mit Stil, S. 16.

213 http://www.sueddeutsche.de/leben/filmemacherin-erika-lust-porno-kann-den-leuten-helfen-1.3328931 vom 13.01.2017.

die Experteninterviews Theresa Lachners. Sie interviewte namenhafte Regisseur*innen wie Erika Lust, „Maike und Sören", Jennifer Lyon Bell, Lucie Blush und Ms Naughty. Lachner fragte, welches Label sie ihren eigenen Produktionen geben würden.

> „Ich sage immer noch „Porno für Frauen" aber mehr als die Hälfte meiner Abonnenten sind Männer. Ich würde es „feministischen Porno" nennen, aber da haben die Leute oft Vorurteile, was das bedeuten soll. Ich denke ich würde einfach sagen, ich mache guten Porno."[214]

Die Antwort Ms Naughtys kombiniert einige wichtige Problempunkte der Debatte. Zum einen ist das Wort „Feminismus" aufgrund seines politischen Werdegangs bereits vorbelastet und birgt somit großes Potential, Konsumenten abzuschrecken. Aber auch die Fokussierung auf ein explizit weibliches Publikum ist ein Trugschluss, da das Interesse an fairer oder guter Pornografie geschlechterunabhängig ist. Auch Jennifer Lyon Bell tut sich schwer mit der Definition, nennt ihre Filme schlussendlich „Indie Porn".[215] Lucie Blush macht nach eigener Aussage „feministischen Porno", der aber auch gleichzeitig „fairtrade" und ethisch korrekt ist.[216] „Maike und Sören", Macher*innen des erfolgreichen Kinofilms/Pornos „Schnick Schnack Schnuck" wollen sich kein Label geben, nennen aber als Richtlinien für die eigenen Produktionen Punkte aus dem PorYes Kriterienkatalog.[217] Erika Lust, nennt ihre Arbeit „Indie Porn", „Adult Cinema" oder „Erotic Cinema" und würde den Begriff „Porno" auf Grund seiner Vorbelastung am liebsten nicht verwenden.[218] [219]

Der Begriff der „Erotika" kam bereits im Zuge der feministischen Porno Debatte der 70er Jahre auf und war der erste Versuch, Pornografie durch einen neuen Begriff zu ersetzen.[220] Dieses Wort stammt vom Wort „eros", der leidenschaftlichen Liebe ab und liefert, wie die feministischen Aktivistin Gloria Steinem in ihrem Aufsatz „Erotica and Pornografy: A Clear and Present Difference" formuliert, eine Idee positiver Wahl, freien Willens und der Sehnsucht nach einer besonderen Person;

214 Lachner: Kommen mit Stil, S. 79.

215 Ebd. S. 43.

216 Ebd. S. 65.

217 Lachner: Kommen mit Stil, S. 32.

218 ebd., S. 55.

219 Der Begriff Pornographie (=von Huren Schreibend) scheint aufgrund seiner etymologischen Herkunft im Grunde bereits sexistisch und patriarchal geprägt. Da das Wissen über die wörtliche Bedeutung allerdings weitestgehend aus dem Allgemeinwissen verschwunden.

220 Vgl. Offermann/Seiml: I want the right to see a dirty picture, S. 376.

während Pornografie einzig auf Geschehnissen basiere, die auf Eroberung, Dominanz und Gewalt beruhen würden.[221] Erotika wurde als visuelles Material explizit für Frauen verstanden, welche der Pornografie gegenüber als abgeschwächt erschien beziehungsweise weniger eindeutige Szenen, dafür mehr Rahmenhandlung zeigt.[222] Die Wege, die nun der feministische oder ethische Porno einschlägt, können als Verbindung klassischer Pornografie und Erotika gesehen werden – Rahmenhandlung, ästhetische Bilder und eindeutige Szenen. So erklärt Erika Lust:

> „Meine Filme sind Teil eines neuen Genres: Adult Cinema. Ich erschaffe Erotika mit Narrativ. Ich gebe den Charakteren, Schauplätzen und der Story, aber vor allen Dingen dem Sex, einen Kontext. Ich schaffe eine Umgebung, die den Zuschauer mit einer realistischen Umsetzung echter Phantasien befriedigt. [...] Der Sex ist echt, du kannst die Lust sehen, den Schweiß, die Berührungen, die Gänsehaut hören."[223]

Dies sind nur einige Stimmen mit Label-Vorschlägen. Das Feld wirkt noch etwas undurchsichtig, zumal die meisten Zeitungen und Zeitschriften weiterhin das Label der „feministischen Pornografie" propagieren und somit auch das Publikum darauf sensibilisieren.

2.5 Ethical Porn

Da die Begriffsdebatte um das richtige Label noch nicht beendet ist, wird im Folgenden von „Ethical Porn" die Rede sein. Darunter fallen allerdings ebenfalls feministische Pornografie, Indie Porno etc., vorausgesetzt, sie sind vor dem entsprechenden ethischen Hintergrund produziert.

Das Label „Ethical Porn" ist besonders in den USA etwas verbreiteter als in Deutschland und Europa, wo dieselben Arbeiten eher unter feministischer Pornografie diskutiert werden.

So veröffentlichte beispielsweise der US-amerikanische Autor und Sexual-Psychologe Dr. David J. Ley 2016 seinen Ratgeber „Ethical Porn For Dicks". Das Buch ist

---

221 Vgl. Seinem, Glorai: Erotica and Pornography: A Clear and Present Difference,in: Dwyer, Susan: The Problem of Pornographie, Belmont: Wadsworth Publishing Co Inc,, 1994, S. 31.

222 Vgl. Offermann/Seiml: I want the right to see a dirty picture, S. 376

223 Lachner: Kommen mit Stil, S. 55.

für ein männliches Publikum ausgelegt und ruft Männer dazu auf, ihren Pornografiekonsum zu hinterfragen. Auch er stellt Kriterien auf, was Ethical Porn ausmacht, welche denen von PorYes durchaus ähnlich sind:

- Made legally
- Respects the rights of performers
- Pays performers for their labor
- Respects the copyright of the producer
- Shows both fantasy sex AND real-world sex, so that we can see and explore both
- Is as diverse as the people consuming it
- Celebrates sexuality as a diverse, complex and multi-faceted component of being human, without saying there is a right or wrong way to be sexual
- Is made by people who are trying to make "better porn"
- And is watched by people who want to see "better porn"
- Treats both performers and consumers of porn as free, consenting, thinking and powerful beings.[224]

Ley betrachtet den feministischen Porno in einem männlichen Licht und wirft seine Erfahrungen als Spezialist für Pornosucht mit in die Waagschale. Denn auch viele Männer leiden unter dem, was sie im Mainstream vorfinden. Es beeinflusse den Blick auf die eigene Sexualität, auf ihre Mitmenschen und auf die Frauen in ihren Leben. Dies, das Wissen über die Produktionsbedingungen und der Beigeschmack, dass „echte Männer nicht Pornos schauen müssen, da sie echten Sex haben können"[225] hinterlasse oftmals Schuld- und Schamgefühle. Nicht selten würden sie in Depressionen, Unzufriedenheit mit der eigenen Person oder Erektionsstörungen beim Sex enden.[226] Ley empfiehlt somit Ethical Porn als Lösung dieser Scham. Auch Erika Lust erkennt Männer als Opfer der Mainstreampornografie an: Männer würden auf unrealistische, altmodische Weise präsentiert. Das allzeitbereite, omnipotente und harte Subjekt-Stereotyp des Penisträgers sei ebenso aufgezwungen und unrealistisch, wie die weibliche Objektrolle.[227]

---

224 Ley, David J.: Ethical Porn for Dicks: A Man's Guide to Responsible Viewing Pleasure, USA: ThreeL Media, 2016, S. 43.

225 Ebd.

226 Ebd. S. 22.

227 http://www.sueddeutsche.de/leben/filmemacherin-erika-lust-porno-kann-den-leuten-helfen-1.3328931 vom 13.01.2017.

Laut Lust wächst somit auch eine neue Generation von Männern heran: Männer, die „etwas Intelligentes wollen".[228] Darauf deute auch das große männliche Interesse an ihrer Arbeit hin, welche 60% ihrer Abonnenten ausmachen.[229]

2.6 Vertrieb und Werbung

Die meisten Plattformen, auf denen ethische/feministische Pornografie vertrieben wird, funktionieren ähnlich wie auch einige Mainstream Anbieter eigenständig und finanzieren sich durch ihr jeweiliges Bezahlmodel. Dabei werden zumeist unterschiedliche Bezahlsysteme angeboten. Häufig zielen die Seiten allerdings auf ein Abo ab, dessen Kosten abhängig von Laufzeit und Anbieter monatlich zwischen 8€ und 20€ variieren. Aber auch einzelne Filme können zu unterschiedlichen Preisen erworben werden. So kann der Konsument beispielsweise auf der Seite Lustcinema.com bereits ab wenigen Euros Filme für 24 Stunden mieten. Dies setzt allerdings ein aufrichtiges Interesse an ethischer Pornografie und eine gewisse Bereitschaft, offen damit umzugehen, voraus, da die User sich mit ihren persönlichen Daten anmelden müssen, was für einige bereits die erste Hürde bedeuten mag.

Auch stellt Erika einige ihrer Werke auf Netflix.com zur Verfügung, sodass der Streamingdienst für Serien und Filme mittlerweile auch als Plattform für Pornografie verwendet werden kann. Das Angebot ist bisher noch ausbaufähig. Allerdings birgt eine eventuelle Pornorubrik auf Netflix.com großes Potential, Pornografie aus der Tabuzone zu holen und in einen anerkannten Kontext zu rücken. Um an diesen Punkt zu gelangen, bedarf es allerdings weiterer medialer Auseinandersetzung mit dem Thema und gesellschaftliche Aufklärungsarbeit, was der ‚neue Porno' ist und will und warum er im Zweifel Geld kosten muss. Auf diese Berichterstattung sind alle in der Szene arbeitenden Menschen angewiesen.

228 Ebd.

229 Ebd.

2.7 Probleme

Im Zusammenhang mit der Vermarktung von Ethical Porn wurden einige mögliche Probleme identifiziert, die hier in aller Kürze vorgestellt werden sollen:

Die Bereitschaft zu bezahlen

Im Internet gibt es unzählige Seiten, auf denen Pornografie umsonst konsumiert werden kann. An diesen Zustand scheint sich der User gewöhnt zu haben. Denn, wie auch aus der im Zuge dieser Arbeit entstandenen Umfrage[230] hervorgeht, es zahlen lediglich 1% der befragten Personen für Pornografie, während 94% immer umsonst schauen und die restlichen 5% nur gelegentlich zahlen. Diese Ausgangssituation ist problematisch für ethische/feministische Pornografie, da eine generelle Bereitschaft, Geld für Pornografie auszugeben, fehlt. Allerdings geben 37,7% der Befragten an, dass sie bei einem für sie passenden Angebot durchaus bereit wären, für fair produzierte Pornografie zu bezahlen.

Raubkopien

"Free porn sites may steal scenes from longer movies, which they re-label and rebrand. I can create a film that's more story-driven and romantic, only to have a clip from it pop up on a tube site, where it's being called something like 'big-breasted blonde whore on her knees."[231] So berichtet die amerikanische Pornoregisseurin Jacky James in einem CNN Interview. Raubkopien sind ein großer Problemfaktor für die Filmemacher*innen, da sie, sobald ihre Videos illegal kopiert auf den Tube-Seiten auftauchen, das Exklusivrecht auf das Material verlieren und die Videos oftmals gekürzt und vom feministischen Grundgedanken entfremdet werden.

Auch Konsument*innen, welche sich für ethische/feministische Pornografie interessieren, müssen nicht gezwungenermaßen dafür bezahlen, da besagte Raubkopien auf den Tube-Seiten umsonst zur Verfügung stehen. Somit wird zwar eine andere Art von Pornografie verbreitet und das Spektrum der Tube-Seiten um sex-positive Videos erweitert, allerdings bleibt der Grundgedanke der fairen Bezahlung für alle Beteiligten dabei auf der Strecke. [232] Andererseits kann auch dies als Werbung für die Produzent*innen dienen. Lucie Blush zum Beispiel betreibt einen eigenen

---

230 Siehe Anhang.

231 Siehe https://edition.cnn.com/2016/11/07/health/ethical-porn-ian-kerner/index.html Zugriff am 21.03.18.

232 Siehe Kapitel 2.3: „PorYes! Kriterien feministischer Pornographie".

Kanal auf Pornhub.com, stellt allerdings nur Trailer und ausgewählte Videos umsonst zur Verfügung, um dann auf ihre eigene Bezahl-Plattform zu verweisen.

Unwissenheit, Vorurteile und Missverständnisse bezüglich des Labels

> "There is a lot of beautiful scenes, beautiful orgasms, beautiful people having beautiful sex. But you don't get to know that, when you are a normal consumer, that just clicks the internet. You have to know what you look for, because if it doesn't come to your mind that there is such thing as feminist porn, you don't get to know those beautiful things."[233]

Das Wissen über die Existenz und Hintergründe von ethische/feministische Pornografie scheint in großen Teilen der Gesellschaft noch nicht angekommen zu sein.[234] So geben zwar 53,5% der Befragten an, schon mal etwas von feministischer Pornografie gehört zu haben, allerdings verknüpfen 63,7% damit „Female Friendly", welches der Name der Kategorie für Frauen auf den Tube-Seiten ist und wenig mit den Kriterien für feministische Pornografie zu tun hat.[235] Von ethischer, nachhaltiger oder fairer Pornografie haben lediglich 15% gehört oder gelesen – allerdings verknüpfen 2/3 der Befragten damit faire Produktionsbedingungen und Bezahlung, was schon eher dem entspricht, was sich tatsächlich hinter dem Label verbirgt.

Tabuthema

> "We keep porn use secret because of shame. [...] Today, there's a raging moral war on sex, and pornografy is the front line of the battle."[236]

Laut der Umfrage im Rahmen dieser Arbeit konsumieren beinahe 2/3 der Befragten mindestens einmal in der Woche Pornografie, was von einer Integration in den Alltag

---

233 Interview mit Jenifer Lyon Bell: https://www.youtube.com/watch?v=V-G358T9iYs&has_verified=1 Zugriff am 21.03.18.

234 Da die Umfrage nicht die Wissenschaftlichen Standards erfüllt, werden die hier erhobenen Daten als Richtwerte angesehen. Befragt wurden 700 Menschen aus dem Kieler Umfeld und meiner Persönlichen Facebook-Reichweite. Eine Ausführlichere Beschreibung des Versuchsaufbaues der Umfrage findet sich in Kapitel 3.1.1: „Inhaltliche Fragestellung".

235 Siehe hierzu Kapitel 1.4.4: „Female Friendly".

236 Ley, David J.: Ethical Porn for Dicks.

zeugt. Allerdings sprechen nur 1/3 der Befragten in ihren Beziehungen und Freundschaften über das Thema. Daher kann davon ausgegangen werden, dass Themen wie Produktionsbedingungen, Rollenbilder und Sexismus im Porno ebenso wenig bis gar nicht thematisiert werden.

2.8 Lösungsansätze

Nachdem nun das Problem diskutiert wurde und einige der Pornografie-Revolutionär*innen und ihre Visionen vorgestellt wurden, widmet sich dieses Kapitel den Ansätzen, die bereits für eine gesellschaftliche Pornografie-Reflektion kämpfen.

Politische Aufmerksamkeit und staatliche Regulierung:

Die Berliner Jugendorganisation der SPD forderte Ende 2017, feministische Pornos staatlich zu fördern. Die Ergebnisse sollen in Online-Mediatheken der öffentlich-rechtlichen Sender kostenlos zur Verfügung gestellt werden. Denn besonders Jugendlichen solle eine Alternative zum Mainstreamporno und seinen „unrealistischen" und „die Sexualität und das Menschenbild nachhaltig beeinflussenden" Darstellungsformen geboten werden.[237] Ihre Forderungen rechtfertigen sie mit dem Erfolg der in Schweden produzierten feministischen Pornosammlung „Dirty Diaries". Sie wurde bereits im Jahr 2009 nach einem ähnlichen Prinzip staatlich gefördert und distribuiert. Als Förderungsvoraussetzung nennen sie die Kriterien von PorYes.

Veraltete Tabus aufbrechen und öffentlich diskutieren:

Über Sexualität wird bisher noch wenig gesprochen. 70% der Befragten der im Zuge dieser Arbeit entstandenen quantitativen Studie gaben an, mindestens einmal pro Woche Pornos zu schauen, während lediglich 31% angaben, in ihren Freundschaften und Beziehungen über das Thema zu sprechen.[238] Diesem Zustand möchte nun die Internetplattform „Omgyes.com" entgegenwirken:

> „Es gibt so viel nie Gesagtes, nie Gefragtes, nie Gewusstes. All das wegen eines Tabus, das in ein paar Jahrzehnten lächerlich wirken

---

237 Siehe http://parteitag.spd-berlin.de/antraege/dirty-diaries-auch-in-deutschland/

238 Siehe hierzu Kapitel 3.1.5.1: „Häufigkeit und Gründe des Konsums, Thematisierung in Freundschaften und Beziehungen".

wird. So wie die Tabus der 1950er-Jahre, Oralsex und Homosexualität, heute absurd erscheinen. Wir möchten den Veränderungsprozess beschleunigen.“[239]

Die Seite ist das Ergebnis einer repräsentativen Studie, in der die Daten von 1000 Frauen im Alter von 18 – 95 in den USA ausgewertet wurden. Besagte Frauen wurden gefragt, wie und durch welche Berührungen sie Lust empfänden. Mit diesen Daten wurde die Webseite omgyes.com ins Leben gerufen. Dort wird anhand von Videos die Diversität der weiblichen Lust veranschaulicht und als Masturbationstechniken weitergegeben. Die Seite erfreut sich medialer Aufmerksamkeit und könnte, ähnlich wie 1954 die Kinsey Reporte[240], die Sexualität einer Generation in eine sexuell befreite Richtung rücken und auch den Umgang mit Pornografie enttabuisieren.

Für Pornografie bezahlen:

Bei der „re:publica“ 2015 diskutierten die Medienspezialist*innen Jenny-Luise Becker und Djure Meinen über die Einführung eines Pornografie TÜVs. Wie bei PorYes wurden die Volljährigkeit der Darsteller, eine angemessene Bezahlung, Safer Sex und die absolute Freiwilligkeit aller Beteiligten als Kriterien genannt. Das ginge allerdings nur, wenn die Konsument*innen für ihre Pornos bezahlen, da sie nur so die Bedingung ihrer Entstehung beeinflussen können.[241]

Förderung ethischer Pornografie und weiblicher Filmemacherinnen:

Erika Lust ruft weibliche Filmemacherinnen dazu auf, selbst hinter die Kamera zu treten und stellt unter dem Aufruf „Its time for Porn to Change“ 250.000€ Fördergeld dafür zur Verfügung.[242]

Eine öffentliche Debatte über die Hintergründe der Tube-Seiten und die Arbeitsbedingungen in der Mainstream-Pornobranche:

Einige Zeitungen und Fernsehdokumentationen berichteten bereits über Mindgeek und ähnlich agierende Firmen, jedoch scheint ein Wissen über deren Wirkungsraum nicht ins Allgemeinwissen der Konsument*innen übergegangen zu sein.

---

239 Siehe https://www.omgyes.com/de/about#/movement#next

240 Siehe hierzu auch Kapitel 1.7: „Sexuelle Revolution und Feminist Sex Wars“.

241 https://re-publica.com/de/session/fair-porn-lust-und-gewissen am 05.05.15.

242 https://erikalust.com/my-open-call-to-finance-and-produce-female-erotic-film-directors/ am 16.03.18.

Pornografie wieder in die Kinos bringen:

Alternative Pornofilmfestivals wie das „Pornfilmfestival“ in Berlin, das „Good for Her“ in Toronto, das „cinekink“ in New York oder das neue Pornofilmfestival Vienna machen auf die Alternativen zum Mainstreamporno aufmerksam und sprechen ein wachsendes Publikum an.

3. Öffentliche Wahrnehmung ethischer und feministischer Pornografie

3.1 Einleitung

Die vorliegende Studie wurde durchgeführt, um herausarbeiten zu können, inwieweit die Gesellschaft über das alternative Genre der ethischen bzw. feministischen Pornografie informiert ist und welche Vorstellungen oder eventuellen Vorurteile bestehen. Zur Untersuchung der Fragestellung wurde eine explorative, quantitative Onlinebefragung als Untersuchungsmethode ausgewählt. Um darüber hinaus eine umfassende Zusammenfassung und einen Ausblick für die Zukunft gewährleisten zu können, wurden ergänzend ausgewählte Expert*innen aus der Pornoindustrie hinsichtlich ihrer Einschätzung der Situation in der Industrie und ihrer Einschätzung der Zukunft befragt.

In den vorrangegangenen Kapiteln wurde die Geschichte der Pornografie sowie die ihres feministischen Subgenres skizziert und bis zum heutigen Status Quo der Online-Pornografie aufgezeigt. Da das Internet heute voller pornografischen Materials ist und es kaum Möglichkeiten gibt, den Konsum anhand von statistischen Datensätzen zu kontrollieren bzw. zu analysieren, stieß diese Arbeit, besonders im Hinblick auf die feministische- und ethische Fragestellung, schnell an die Grenzen der wissenschaftlichen Aufzeichnungen. Datensätze wie der jährlich von Pornhub.com veröffentliche Jahresrückblick „Pornhub Insights“[243] vermitteln zwar einen ausführlichen Überblick über die präferierten Kategorien ihrer Kunden und Veränderungen zum Vorjahr, sparen allerdings den Bereich der Erwartungen und Einschätzungen ihrer Konsument*innen aus. Aufgrund dessen wurde die Notwendigkeit herausgestellt, die bisher ungeklärten Frage nach der öffentlichen Meinung zu feministischer bzw. ethischer Pornografie in Form einer explorativen, quantitativen Onlinebefragung zu untersuchen. Nach eigener Einschätzung bestehen in großen Teilen der Gesellschaft aufgrund von Fehlinformationen und falschen Assoziationen stereotypische Annahmen über feministische Pornografie. Als eine mögliche Beeinflussung zu Vorurteilen und Desinteresse werden hier die in der Öffentlichkeit breit diskutierten

243 Siehe https://www.pornhub.com/insights/

Meinungsverschiedenheiten und Kämpfe um PorNo oder PorYes angeführt. Da feministische Pornografie beispielsweise in den USA eher auch unter dem Label „Ethical Porn“ bekannt ist, bemüht sich die Studie um ein Herausfiltern der Vorurteile der beiden Label-Namen, um somit ein Fazit und einen Ausblick auf die Chancen dieser noch recht subkulturellen Pornolandschaft formulieren zu können.

3.1.1 Inhaltliche Fragestellung

Den Schwerpunkt der explorativen Onlinebefragung bildet der deskriptive Teil der Studie, dem folgende Leitfrage zugrunde liegt: „Inwieweit stimmt das gesellschaftliche Bild feministischer und ethischer Pornografie mit den Selbstbildern der beiden Labels überein und wo liegen deren Chancen auf dem Markt?“

Die in dieser Studie postulierte Haupthypothese folgt der Annahme, dass das gesellschaftliche Bild feministischer Pornografie nur wenig mit den Selbstbeschreibungen der Labels übereinstimmt. So wird vermutet, dass „feministische Pornografie“ eher mit „Pornografie für Frauen“ assoziiert wird. Im Vergleich dazu wird angenommen, dass die Assoziationen und Erwartungen an das Label der „Ethischen Pornografie“ bei den Befragten höhere Übereinstimmungen mit den Selbstbeschreibungen der beiden Labels aufweisen.

Zum Ausdifferenzieren dieser Forschungsfrage wurden die in Kapitel 2.2: „PorYes!“ aufgeführten Kriterien für feministische/ethische Pornofilme herangezogen und mit den Meinungen der Probanden verglichen. Hierfür wurde zunächst mittels offener Fragekategorie nach den Assoziationen mit feministischer bzw. ethischer, fairer oder nachhaltiger Pornografie gefragt, um eine Vorbeeinflussung seitens des Versuchsleiters auszuschließen (z. B. „Was verbindest du mit feministischer Pornografie?“; „Was verbindest du mit ethischer, fairer oder nachhaltiger Pornografie?“). In einem nächsten Schritt wurden die Kriterien von PorYes und Ethical Porn als geschlossene Antwortmöglichkeiten, neben weiteren Antwortmöglichkeiten, die stereotype Annahmen über die Labels bedienen, auf dieselben Fragen eingepflegt. Ergänzend zur Haupthypothese, sollen daneben einige weiterführende Hypothesen bearbeitet und erforscht werden:

Hypothese A:

Wie die Studie gezeigt hat, ist Pornografie im Privaten ein omnipräsentes Thema bei den Konsumet*innen, da sehr viele von ihnen mehrmals in der Woche konsumieren. Es wird allerdings davon ausgegangen, dass sie in Freundschaften und Beziehungen oft tabuisiert oder nur wenig besprochen wird.

Hypothese B:

Es wird davon ausgegangen, dass die Erwartungen der Konsument*innen an einen „guten Porno“ zu großen Teilen mit den Kriterien feministischer und ethischer Pornografie übereinstimmen.

Hypothese C:

Trotz der größeren Bekanntheit des Labels „feministische Pornografie“ ist wird diese eher mit „Pornografie für Frauen“ assoziiert, wohingegen „ethische Pornografie“ eher mit den Selbstbeschreibungen beider Label übereinstimmt.

Hypothese D:

Derzeit zahlen nur sehr wenige Menschen für pornografisches Material. Innerhalb der Untersuchung wuchs das Interesse dahingehend, herauszuarbeiten, welche Konsumenten für fair produzierte Pornografie zahlen würden. Ausgehend von der Bereitschaft von vegan/vegetarisch lebenden Menschen, für fair produzierte Lebensmittel mehr zu bezahlen, wird postuliert, dass nur wenige Menschen für Pornografie bezahlen. Allerdings sind vegan/vegetarisch lebende bzw. an einem nachhaltigen Lebensstil interessierte Menschen eher bereit, für fair produzierte Pornografie zu bezahlen.

3.1.2 Versuchsplan

Die deskriptive Onlinebefragung wurde im Zeitraum vom 5. Januar 2018 bis zum 22. Januar 2018 durchgeführt. Die Umfrage wurde dabei aus Ja/Nein/Vielleicht-Fragen, geschlossenen Fragen, offenen Fragen und Fragen mit vorgeschriebenen Kategorien aufgebaut. Der Fragebogen bestand aus insgesamt 32 Fragen. Es wurden neben Fragen nach den demographischen Daten, dem allgemeinen Pornokonsumverhalten und der Bereitschaft, Geld für Pornografie auszugeben, erforscht, was sich die Befragten unter „feministischer“ und „ethischer Pornografie“ vorstellen. Die Antwortmöglichkeiten bildeten sich aus den offiziellen und semioffiziellen Kriterien feministischer und ethischer Pornografie sowie Standpunkten, welche sich aus vorhergehenden Befragungen hinsichtlich auftretender Stereotype im privaten Rahmen ergeben hatten. Hierbei sollten die Befragten zuerst offen und in Textform antworten. Im Anschluss wurden sie gebeten, aus einer vorgegebenen Liste an Kategorien und Kriterien diejenigen auszuwählen, die am ehesten ihrer Meinung entsprachen. Der vollständige Fragebogen ist dem Anhang zu entnehmen.

3.1.3 Methode & Durchführung

Die deskriptive Befragung wurde im Zeitraum vom 5. Januar 2018 bis zum 22. Januar 2018 durchgeführt. Sie wurde über das Umfragen-Tool „Survio.com" via Facebook verbreitet. Die Bearbeitungszeit betrug insgesamt 18 Tage. Nach Beendigung der Laufzeit wurden die über Survio.com generierten Daten als PDF und als Excel-Tabelle exportiert (s. Anhang). Anhand der Excel-Tabelle wurden Zählungen vorgenommen, die offenen Fragen wurden nach Themenblöcken codiert. In den Auswertungen wurden zudem die Gruppen getrennt nach Geschlecht betrachtet. Die Ergebnisse wurden nach der Auswertung in Form von deskriptiven Häufigkeitsdiagrammen dargestellt.

Im Zuge der stichprobenartigen Onlinebefragung, wurde die Studie 7.400mal aufgerufen, wobei die Abschlussquote bei 9,5% lag und somit 702 Menschen erfolgreich an der Studie teilgenommen haben. Es kann davon ausgegangen werden, dass der Fragebogen auf einer selektiven Stichprobe basiert, da er über die persönliche Facebook-Seite der Versuchsleiterin und das Kiel-interne Facebook-Netzwerk „Kielbook" (72.249 Mitglieder) verbreitet und veröffentlicht wurde. Des Weiteren wird angenommen, dass die Teilnehmer durch die Freiwilligkeit der Teilnahme bereits ein gewisses Eigeninteresse und eine Affinität zur Thematik aufweisen, womit die Stichprobe weiter verzerrt sein könnte. Die Störvariable der sozialen Erwünschtheit kann ausgeschlossen werden, da die Probanden sich bei der Bearbeitung in den Schutzräumen ihrer Privatsphäre befanden.

3.2 Ergebnisse der Befragung

Im Folgenden werden nun einige Ergebnisse vorgestellt, ausgewertet und mit dem Thema in Verbindung gebracht. Zuerst soll das generelle Konsumverhalten und dessen Thematisierung in den Freundschaften und Beziehungen der Konsument*innen **(Hypothese A)** untersucht werden. Danach wird herausgefiltert, welche Erwartungen die Befragten an einen „guten" Pornofilm haben (**Hypothese B**). Diese Kriterien sollen dann mit denen eines feministischen/ethischen Pornos abgeglichen werden. Anschließend soll der Frage nach der Bekanntheit der Label-Namen „feministische Pornografie" und „ethische, faire oder nachhaltige Pornografie" nachgegangen werden und die Frage nach der Übereinstimmung der Selbstbeschreibungen der Label mit den gesellschaftlichen Erwartungen an diese (**Haupthypothese C**) abgeglichen werden. Da Pornografie im Internet weitestgehend kostenlos konsumierbar ist, wird im letzten Teil der Studie der Frage nach der Bereitschaft für fair produzierte Pornografie Geld auszugeben **(Hypothese D)** nachgegangen. Des Weiteren wird ein Vergleich mit veganer/vegetarischer Ernährungsweise gezogen, um der Frage nach einer eventuellen

Korrelation mit einem generell nachhaltigen Lebensstil nachzugehen. Insgesamt wurde der Fragebogen 7.400mal aufgerufen, wobei die Abschlussquote bei 9,5% lag und somit 702 Menschen erfolgreich an der Studie teilgenommen haben. Die Mehrheit (70%) der Befragten waren zwischen 20 und 30, wobei 8% unter 20, 17,8% zwischen 30 und 40 und 7,3% über 40 Jahre alt waren. 46,7% der Befragten waren berufstätig und 43,3% befanden sich im Studium, die restlichen 10% bestanden aus Arbeitslosen, Schülern und Enthaltungen. Die Geschlechteraufteilung lag bei 60,8% männlich und 37,6% weiblich, 1,6% gaben an, einer anderen Genderidentität anzugehören. 84,8% waren heterosexuell, 11,1% bisexuell und 2,8% homosexuell.

3.2.1 Häufigkeit des Konsums und Thematisierung in Freundschaften und Beziehungen

Hypothese A ging davon aus, dass Pornografie im Privaten ein omnipräsentes Thema ist, aber in Freundschaften und Beziehungen oft tabuisiert oder nur wenig besprochen wird. Tatsächlich konsumieren 61% der Befragten[244] ein bis mehrmals in der Woche Pornografie (siehe Abbildung 3). Somit könnte davon ausgegangen werden, dass dies auch in Beziehungen und Freundschaften thematisiert wird. Jedoch wird Pornografie nur von 29% der häufigen Rezipient*innen im Alltag thematisiert, 48% geben an, manchmal darüber zu sprechen und 23% verschweigen ihren Konsum, wie sich in Abbildung 4 zeigt.

244 Aufgrund der ungefilterten und freiwilligen Teilnahme an dem Online-Fragebogen, wurden möglicherweise eher pornoaffine Personen angesprochen, als andere.

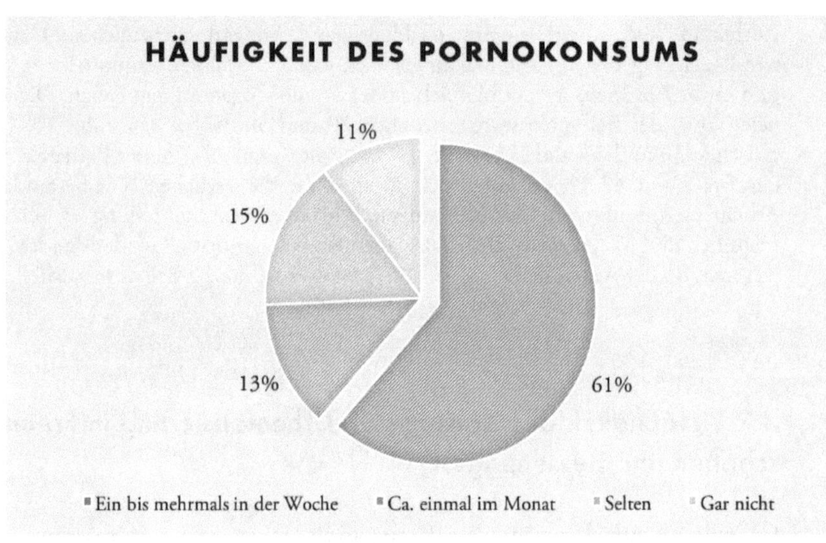

Abbildung 3: Prozentuale Verteilung des Pornokonsums. Kategorien „Ein bis mehrmals die Woche", „ca. einmal im Monat", „selten", „gar nicht".

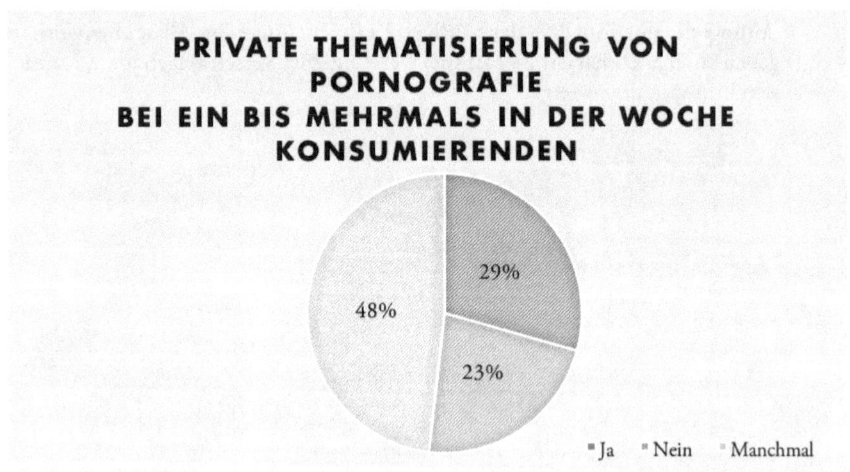

Abbildung 4: Prozentuale Verteilung über die private Thematisierung von Pornografie. Kategorien „Ja", „Nein", „Manchmal".

Pornografie findet demnach in einer Art Vakuum statt, welches sich häufig auch in privaten Beziehungen nicht aus der Tabuzone befreien kann. Dies deutet darauf hin, dass auch nur wenig Austausch und Reflektionen über Produktionsbedingungen, Menschenbilder und Vorlieben stattfinden, was die Hypothese teilweise belegt.

Um diese Hypothese zu stärken, wurden ebenfalls die Gründe für den Konsum in einer offenen Frage herangezogen. Laut dieser schauen die meisten aus Lustbefriedigung allein (38%) oder aus Langeweile (15%), während nur 9% Pornos als Teil der Beziehung sehen (vergleiche Abbildung 5). Auch andere Befunde zeigen, dass Pornografie-Konsum zur Lustbefriedigung weniger in Freundschaften thematisiert wird.[245]

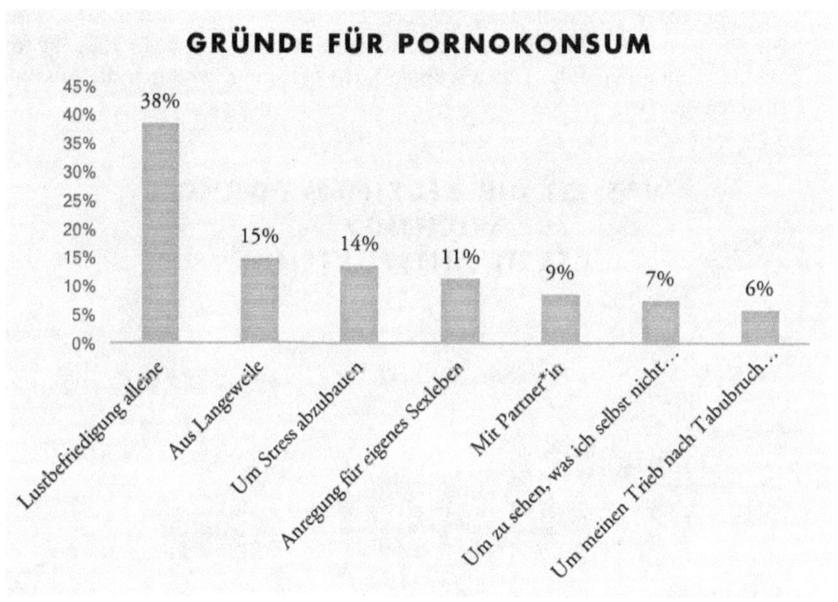

Abbildung 5 Gründe für den Pornokonsum.

245 Vogelsang, Verena: Sexuelle Viktimisierung, Pornografie, Münster: Springer, 2017, S.94.

3.2.2 Erwartungen an einen guten Porno und Parallelen zu Feministischer/ethischer Pornografie

Hypothese B formulierte, dass die Erwartungen der Konsument*innen an einen „guten Porno“ zu großen Teilen mit den Kriterien feministischer und ethischer Pornografie übereinstimmen.

Die meist aufgetretenen Antwortkategorien der Erwartungen an einen guten Pornofilm sind in Abbildung 6 dargestellt. Am häufigsten wurden „Authentizität“, „Qualität“ und das „Aussehen der Darsteller*innen“ genannt. Es zeigt sich auch ein deutlicher Unterschied zwischen den Geschlechtern: Die Männer legen einen auffallend höheren Wert auf die Frau (10% zu 2%), die Frauen wollen dafür etwas mehr von der weiblichen Lust (7% zu 4%) sehen und auffallend mehr Respekt (6% zu 1%). Streuungsmaße der Daten wurden nicht bestimmt, wodurch die Aussagekraft eingeschränkt ist.

Abbildung 6: Freie Antwortkategorien hinsichtlich der Erwartungen an einen guten Porno

Die beliebtesten Stichworte Authentizität, Qualität, Ästhetik, Story, Weibliche Lust, Respekt, und (echte) Lust, gehören zu den Richtlinien feministischer und ethischer Pornografie.[246] Somit zeigt sich in der deskriptiven Befundlage eine Tendenz, dass Hypothese B belegt werden kann.

3.2.3 Bekanntheit der Label-Namen „feministische Pornografie" und „ethische Pornografie"

Mit Hypothese C soll der Frage nachgegangen werden, ob trotz der größeren Bekanntheit des Labels „feministische Pornografie" dieses eher mit „Pornografie für Frauen" assoziiert wird, während „ethische Pornografie" eher den Selbstbeschreibungen beider Label übereinstimmt.

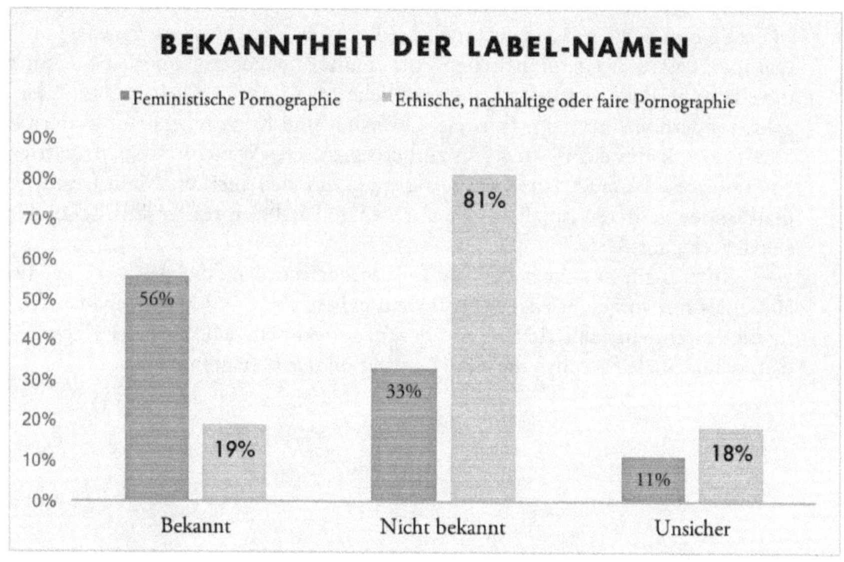

Abbildung 7 : Gegenüberstellende Darstellung der Bekanntheit der Label bei den Teilnehmern der Umfrage

246 Siehe auch Kapitel 2.2: „PorYes! Kriterien"

Die unterschiedliche Bekanntheit der beiden Label-Namen wird in Abbildung 7 dargestellt. Mit feministischer Pornografie können mehr als die Hälfte (56%) der Befragten etwas anfangen, wohingegen 81% angeben, noch nichts von ethischer, nachhaltiger oder fairer Pornografie gelesen, gesehen oder gehört zu haben. Im nächsten Schritt wird vorgestellt, was die Befragten von feministischer bzw. ethischer Pornografie erwarten und was sie sich darunter vorstellen. Da sich diese Arbeit zu großen Teilen der Frage nach der Übereinstimmung der Selbstbeschreibungen der Label und der öffentlichen Wahrnehmung dessen nachgeht, wurde im Fragebogen ein besonderes Augenmerk auf diese Fragen gelegt.

3.2.4 Öffentliche Wahrnehmung feministischer und ethischer Pornografie: ein Vergleich

Auf die Frage, was sich die Teilnehmer*innen unter feministischer Pornografie vorstellen, nannten die meisten „female friendly", „für Frauen" oder „frauenfreundlich". Darüber, dass es der feministischen Pornografie laut PorYes-Kriterien[247] nicht mehr um die reine Fokussierung auf die weibliche Lust und die Gleichstellung der Frau geht, sondern vielmehr um Fairness, Diversität und Konsens, scheint in der Gesellschaft noch kaum ein Bewusstsein zu herrschen. Des Weiteren ist „female friendly" ein Kategorie-Name[248], welcher mittlerweile auf den meisten Mainstream-pornoplattformen vertreten ist, allerdings nur wenige Parallelen zur feministischen Herangehensweise aufweist.

Interessant ist jedoch, dass die Teilnehmer*innen auf die gleiche Frage, diesmal allerdings mit vorgeschriebenen Antwortmöglichkeiten und Mehrfachauswahl, häufig die umschriebenen Kriterien von PorYes auswählten. Mit 53% der Klicks ist aber dennoch „female friendly" die erste Assoziation der Befragten.

---

247 Kapitel 2.2: „PorYes!-Kriterien"

248 Kapitel 1.4.4: „Female Friendly"

Abbildung 8: Auswertung der Ergebnisse vorgegebener Antwortmöglichkeiten auf die Frage "Was verbindest du mit feministischer Pornografie?". Mehrfachnennungen möglich. Die dunklen Nennungen entsprechen den Kriterien von PorYes. Eigene Darstellung.

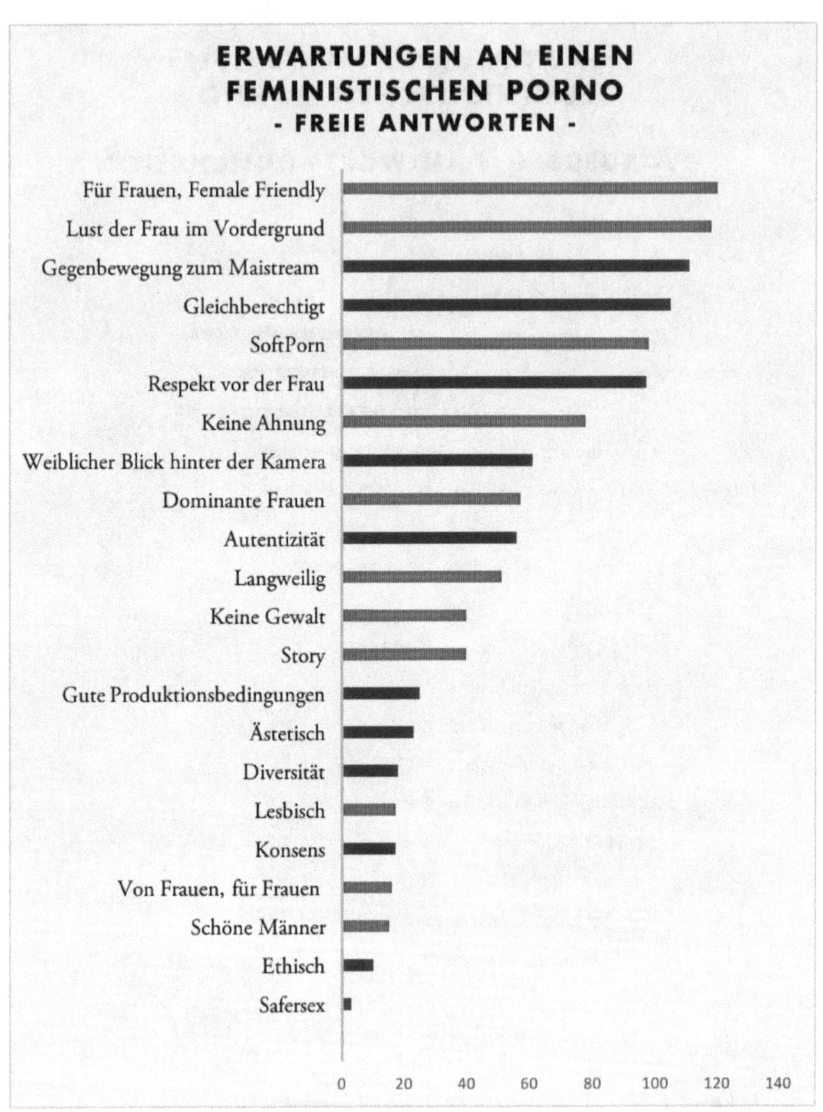

Abbildung 9: Freie Assoziationen auf die Frage "was stellst du dir unter feministischer Pornografie vor? Die dunklen Nennungen entsprechen den Kriterien von PorYes. Eigene Darstellung.

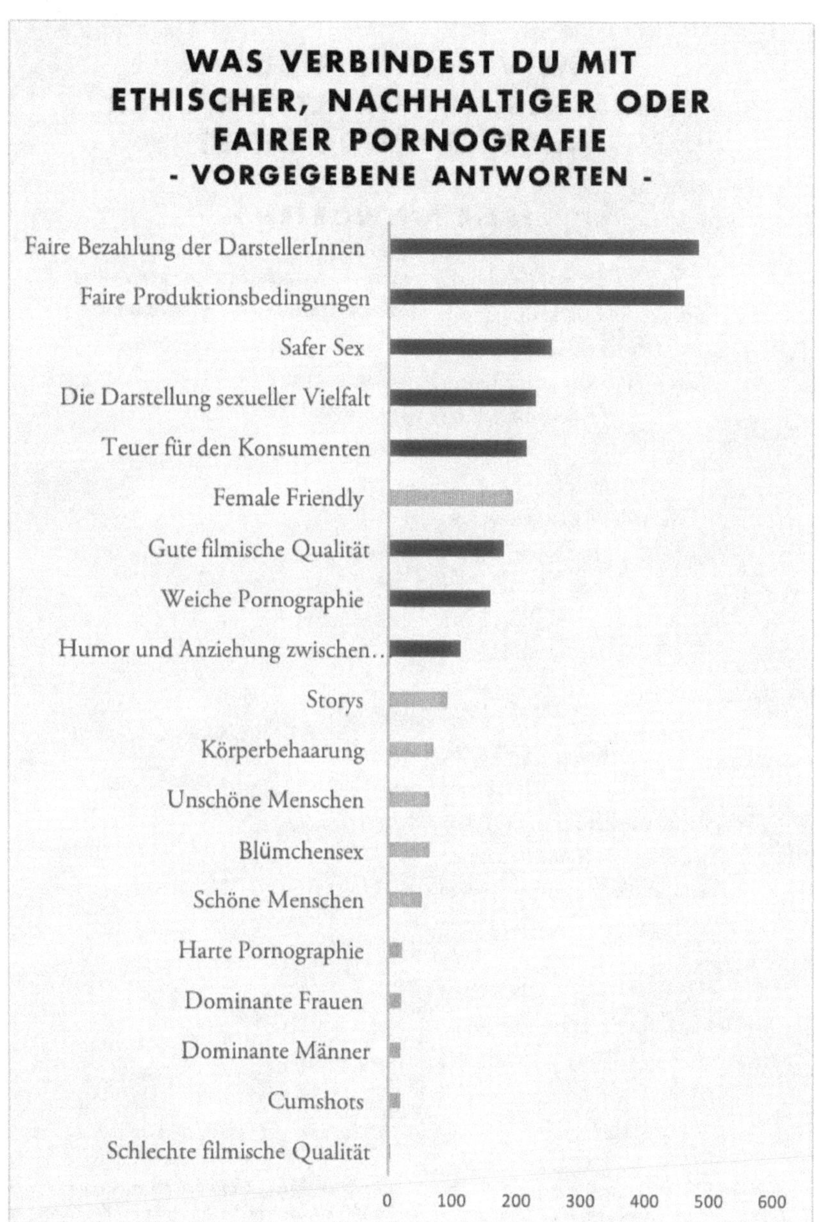

Abbildung 10: Auswertung der Ergebnisse, was die Befragten mit ethischer Pornografie assoziieren, anhand vorgegebener Kategorien und der Möglichkeit zu Mehrfachwahlen. Die dunkelgrünen Nennungen entsprechen den eindeutigen Kriterien von PorYes.

Abbildung 11: Freie Assoziationen auf die Frage „was stellst du dir unter ethischer, fairer oder nachhaltiger Pornografie vor?" dunkelgrünen Nennungen entsprechen den eindeutigen Kriterien von PorYes. Eigene Darstellung.

Wie die Befragung zeigt, besteht eine Diskrepanz zwischen Selbstbeschreibung und Außenwirkung feministischer Pornografie. Dies mag zum einen am weiblichen „Fem“ im Namen liegen, aber auch an der Geschichte des Feministischen Pornos. Die gesellschaftlichen Erwartungen an ethische Pornografie stimmen viel eher mit den Selbstbeschreibungen der beiden Labels überein. Allerdings ist der Name relativ unbekannt. So gaben 26% der Befragten, an „Keine Ahnung“ zu haben, was ethische, faire oder nachhaltige Pornografie ist.

3.2.5 Für Pornos bezahlen?

Hypothese D besagt, dass nur wenige Menschen für Pornografie zahlen. Die Bereitschaft für Pornografie zu bezahlen ist generell sehr gering, scheint sich allerdings bei Gewissheit über Qualität, gute Produktionsbedingungen und Aufklärung zu verändern.

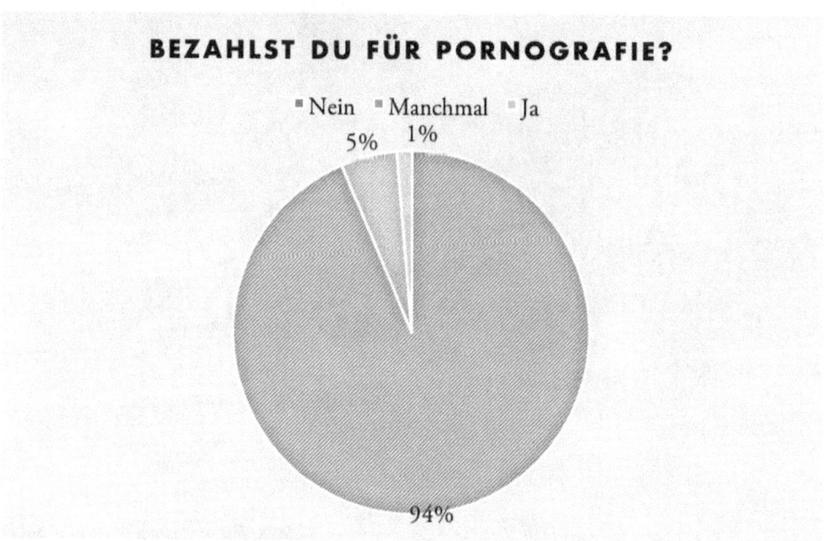

Abbildung 12: Prozentualer Anteil an Zahlern vs. Nicht-Zahlern.

Dass Pornografie überall im Internet frei zugänglich ist, spiegelt sich auch in der Statistik wieder: 86% der 649 Befragten[249] schauen ihre Pornos im Internet, 8% offline auf dem PC oder dem Handy, 4% im TV und 2% auf DVD oder VHS. Davon zahlen 94% gar nicht, 5% manchmal und lediglich 1% zahlen regelmäßig. Dabei schauen 71% der Befragten ihre Pornos auf Youporn.com, Pornhub.com, XHamster.com und Redtube.com, Tube-Seiten der Firma MindGeek[250]; 25% auf anderen Tube- und Internet- Seiten und 2% gaben an, auf ethical-porn-Seiten wie EriKaLust.com oder LucieBlush.com zu schauen.

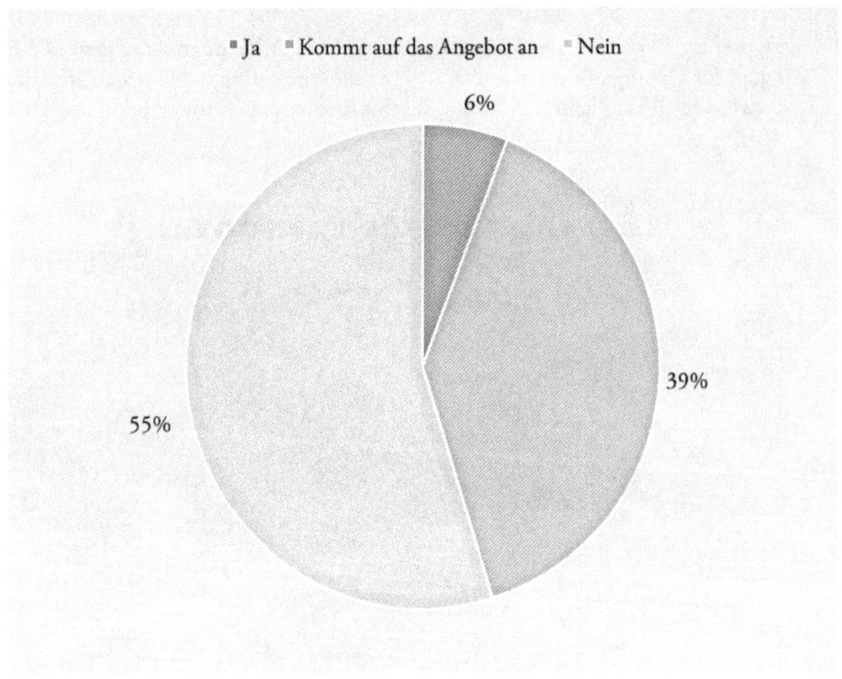

Abbildung 13: Prozentuale Verteilung der Bereitschaft Geld für fair produzierte Pornos auszugeben.

---

249 Es gibt 53 unbrauchbare Fragebögen.

250 Siehe Kapitel 1.4.2: „Die Firma Mindgeek“

Im Gegensatz zu diesem bestehenden Konsumverhalten zeichnet sich jedoch eine grundsätzliche Bereitschaft (39%) ab, für Pornografie zu bezahlen, wenn faire Produktionsbedingungen gewährleitet sind. Davon würden 49% pro Clip 1–2€ ausgeben und 27% ca. 15–20€ im Monat. Dies entspricht den bereits bestehenden Angeboten von LustCinema.com, Pinklabel.tv und so weiter.

3.2.6 Bringt bewusste Ernährung auch einen bewussten Pornokonsum?

Hypothese D geht weiter davon aus, dass vegan/vegetarisch lebende bzw. an einem nachhaltigen Lebensstil interessierte Menschen eher bereit sind, für fair produzierte Pornografie zu bezahlen. Dies scheint sich in der vorliegenden Befragung tatsächlich zu bestätigen.

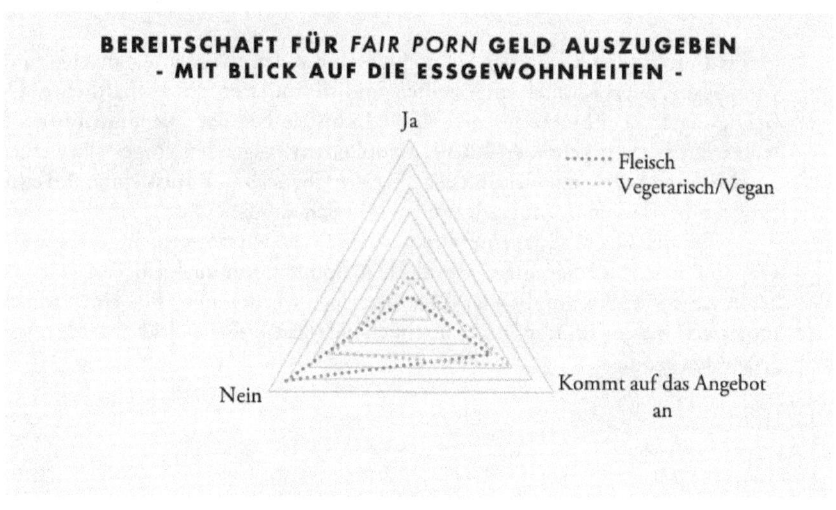

Abbildung 14: Bereitschaft der Probanden Geld für Fair Porn auszugeben in Abhängigkeit ihres Ernährungsstils.

In Abbildung 14 ist der Zusammenhang zwischen der Bereitschaft für „Fair Porn" Geld auszugeben in Abhängigkeit von Vegetarismus/Veganismus und Fleischessern dargestellt. Die Abbildung verdeutlicht einen klaren Trend der Fleischesser*innen Richtung „Nein", während sich ein Großteil der „Veganer*innen und Vegetarier*innen" zu „Ja" ausrichtet. Um genauere Aussagen treffen zu können, müsste man sich korrelative Zusammenhänge zwischen den beiden Gruppen anschauen. Aufgrund einer deskriptiven Analyse kann Hypothese D allerdings vorläufig bestätigt werden. Menschen, die sich generell bewusst[251] ernähren und eher auf die Produktionsbedingungen ihres Essens achten, sind auch eher bereit, für fair produzierte Pornografie zu bezahlen. 78% der Befragten gaben an, sich fleischhaltig zu ernähren, 19%, dass sie vegan oder vegetarisch leben. 61% der Fleischesser*innen können sich nicht vorstellen, für fair produzierte Pornografie zu bezahlen, wohingegen 62% der Veganer/Vegetarier*innen mit „Ja" (13%) oder „kommt auf das Angebot an" (49%) auf die Frage nach der Bereitschaft für fair produzierte Pornografie zu bezahlen antworteten.

3.3 Expert*innen Interviews

Um ein umfassendes Bild des Status Quo zu erzielen, wurden ergänzend zu der im vorangegangenen Kapitel vorgestellten und diskutierten gesellschaftlichen Online-Befragung Expert*innen aus der Porno Industrie befragt. Die Ergebnisse aus den halbstrukturierten Leitfaden-Interviews sollen im Folgenden vorgestellt werden, um anschließend bei einem Gesamtfazit über die Chancen und Aussichten des ethischen bzw. feministischen Pornografiezweiges hilfreich zu sein.

Bei der Auswahl der Interviewpartner*innen wurde versucht, einen möglichst großen Bereich an Meinungen abzudecken. Somit wurde auch ein Vertreter aus einer Mainstream-Produktion befragt. Die Interviews wurden mit Hilfe eines Tonaufnahmegerätes mitgeschnitten und anschließend transkribiert und mit der Software „MaxQda" codiert.

251 Die Unterteilung in Fleischesser*in = unbewusste Ernährung; Vegetarier/Veganer*in = bewusste Ernährung ist sicherlich nicht hinreichend begründet, wird hier allerdings dennoch als Anhaltspunkt für eine eher nachhaltige Lebensphilosophie gewertet.

3.3.1 Die Expert*innen

Laura Méritt

Laura Méritt ist Mitbegründerin der PorYes-Bewegung in Europa und Jurymitglied des alljährlich verliehenen PorYes-Awards für sex-positive Pornografie in Berlin. Außerdem hat sie einige Bücher und Artikel zu queer-feministischen Themen publiziert und klärt deutschlandweit mit Workshops und Vorträgen über sex-positiven Feminismus und Pornografie auf.

Toni Karat (Künstlerinnenname)

Toni ist eigentlich Fotografin, hat allerdings vor kurzem ihren ersten feministischen BDSM-Porn gedreht. In diesem fungiert sie als Regisseurin und Darstellerin zugleich.

Moritz

Moritz ist Produzent und Kameramann bei Visit-X.net. Diese eher im Mainstream einzuordnende Produktionsfirma hat sich auf Webcam-Shows spezialisiert.

Die Interviewfragen wurden für jeden Experten/jede Expertin entsprechend seiner/ihrer Tätigkeit in der Branche angelegt und personalisiert, drehen sich allerdings alle um die Zielgruppe, Beweggründe, in der Branche zu agieren, die Reichweite, die Strategie, Finanzen, Meinungen zur Mainstream-Pornografie, den Feminismus, Einschätzungen über die Zukunft des Pornos und Lust vor der Kamera.

3.3.2 Zielgruppe & Publikum

Bereits bei der Definition der Zielgruppe klaffen die Aussagen der Vertreter*innen feministischer Pornografie und die Meinung aus dem Mainstream weit auseinander. Moritz definiert die Zielgruppe seiner Firma wie folgt: „Sozial schwache Single-Männer oder sexuell frustrierte Ehemänner [...], die sich aber nicht nur nicht mal trauen würden, eine Frau anzusprechen, sondern die sich nicht mal trauen, in den Puff zu gehen.“[252]

252 Anhang: Moritz Hirth.

Dem gegenüber steht die angestrebte Zielgruppe von PorYes. PorYes richtet sich laut Méritt erstmal an alle Menschen. Sie fügt allerdings hinzu, dass es sich in erster Linie um Erwachsene handele, die sich für eine andere Darstellung von Sexualität interessieren würden, als der Mainstream zu bieten hat.[253] Toni Karat definiert sich selbst als ihre Zielgruppe: „Ich bin meine Zielgruppe und wenn jemand anderes meine Arbeiten auch gut findet, dann freue ich mich darüber“[254]. Sie sieht allerdings auch, dass diese Einstellung eventuell nur so lange funktionieren kann, wie sie nicht von Pornografie leben muss.

Aus diesen Definitionen lassen sich eindeutige Strömungen ableiten, die größtenteils kaum Parallelen miteinander haben, da die Zielgruppen im Großen und Ganzen recht fest abgesteckt sind und auch in ihren sozialen Milieus außerhalb ihrer Identität als Pornografiekonsument*innen kaum Berührungspunkte miteinander haben. Diese Berührung ist, zumindest von Toni Karat, auch nicht unbedingt gewollt. Sie will niemanden bekehren oder als „Wichsvorlage für irgendwelche Heterotypen, die auf Lesben stehen, dienen“[255]. Ihre Filme werden vorerst nur auf Festivals laufen und somit nur einem Publikum vorgesetzt, welches die Arbeiten auch „zu schätzen weiß“[256].

Doch nicht nur die Zielgruppen, auch die Einstellungen und Ziele der die Pornoindustrie prägenden Personen und Firmen klaffen weit auseinander.

3.3.3 Kunst und Kommerzialisierung

Eine Diskrepanz zwischen Kunst und Kommerz, Geld und Lust, ist offensichtlich. Moritz beschreibt die Strategie und den Finanzierungsplan seiner Fima sehr detailliert. So produziert seine Firma Shows oder sponsert Produkte, welche mit Pornografie nur wenig zu tun haben, aber potentielle Anknüpfungspunkte an Hobbys (z. B. Motorsport, Tattoo-Conventions) der Zielgruppe sein könnten, um diese dann auf ihre Seite zu locken und Geld mit ihnen zu verdienen. „Alles, was wir produzieren muss konvertieren. Es soll am Ende immer dazu führen, dass die Leute Geld ausgeben.“[257] Er selbst scheint sich auch nur wenig mit der Fima zu identifizieren, bezeichnet sie lachend als „billigen Saftladen“[258]. Auch sein Einstieg scheint eher zufällig und

---

253 Anhang: Laura Méritt.

254 Anhang: Toni Karat.

255 Ebd.

256 Ebd.

257 Anhang: Moritz.

258 Ebd.

gehaltgesteuert als ambitioniert und emotional. Ähnlich beschreibt er die Ambitionen der Camgirls, die für seine Firma arbeiten. Studentinnen finanzieren sich ihr Studium und „Mädels [...] die zu blöd sind, um bei Aldi an der Kasse zu arbeiten" bekommen eine Chance, schnell viel Geld zu verdienen. Die „Mädels" können exklusive der Abgaben von ca. 35% ca. 4.000€ brutto im Monat verdienen, wenn sie für 3 Stunden am Tag online sind.[259]

Auch das Thema der persönlichen sexuellen Vorlieben scheint gerade beim Mainstream schwer definierbar zu sein. Laut Moritz gibt es unter den Darstellerinnen solche und solche. Die, die es wirklich aus Passion machen und die, die es des Geldes wegen machen und „eigentlich nicht cool mit dem sind, was sie machen, die finden es auch nicht geil einen echten Orgasmus am Set zu haben"[260].

Auch die Auswahl der Drehpartner*innen und Praktiken folgt einem festen Muster. Obwohl Moritz' Firma sich auf Live-Webcam-Shows spezialisiert hat, kommt es, besonders auf Messen wie der Venus, oft vor, dass zwischendurch ein „klassischer Porno" gedreht wird.

> „Ey, könnt man nicht mit euch was drehen?! und dann guckt man halt, welches Mädel ist gerade da und wer hat Bock, Hardcore zu drehen. Dann sucht man sich irgendwo ne ruhige Ecke und dreht schnell ne Hardcore Szene runter..."[261]

Toni Karat macht es aus Passion – ohne Geld damit verdienen zu wollen oder zu müssen. In ihrem Porno zeigt sie das, was sie und ihre Partnerin gut finden und worauf sie „unabhängig von Geld, von irgendwas [...] Bock hatten"[262]. Auf die Frage nach einem echten Orgasmus am Set antwortet sie lachend „Ja! Natürlich"[263]. Sie würde nichts machen, was ihr selbst nicht gefällt, nur weil es gut aussieht. Und dadurch, dass ihr Porno vorerst nur auf Festivals zu sehen sein wird, wird er wohl eher ein Kunstwerk als Mittel zur privaten Stimulation im Sinne des klassischen Pornografie-Zweckes bleiben.

---

259 Ebd.

260 Ebd.

261 Ebd.

262 Anhang: Toni Karat.

263 Ebd.

3.3.4 Vorurteile und gegenseitiges Unverständnis

Die Meinung Toni Karats ist nur eine Stimme aus dem Bereich der feministisch/ethischen Pornoproduktion. Und sicherlich wäre ein Gespräch mit Erika Lust anders ausgefallen. Dennoch lässt sich ein gewisser Unwille zur Kooperation und gegenseitige Vorurteile zwischen den beiden Lagern feststellen, die sich auch bei Teilen der Konsument*innen wiederspiegeln. So hat Moritz häufig das Gefühl, bei „so schönen Pornos" „viel Produktions-Budget, perfektes Licht und wenig Schweiß"[264] zu sehen. Er sieht nicht, dass die Leute Spaß haben, sondern irgendwas darstellen, was ihr Job ist.[265]

Ähnliches stellt auch Toni Karat über den Mainstream fest. Sie habe noch keinen Mainstream-Porno gesehen, in dem die Frau wirklich kommt. Und auch Ejakulations-Filme seien häufig „gefaket", indem die Frau „einfach pisst". Für „die Männer" reiche es aber so.[266]

Moritz sieht kein allzu großes Problem in der Art und Weise, wie Frauen im Porno dargestellt werden, da viele Männer ihre dominante Seite gerne mehr ausleben würden, als sie es tun und sich somit als Ersatzbefriedigung „solche feministisch nicht korrekten Sachen angucken"[267]. Außerdem würden die Frauen ja ihr Einverständnis geben, indem sie den Vertrag unterzeichneten. Beide Seiten haben sicherlich ihre Berechtigung, verdeutlichen allerdings auch die Mauer, die sich zwischen den Lagern aufgebaut hat. Diese Diskrepanz zwischen Zustimmung, Interesse und Abwertung hat sich auch in der Online-Befragung[268] gezeigt.

3.3.5 Laura Méritt über die öffentliche Meinung, PorYes und das Label „Feminismus"

Laut Méritt hat der Mainstream das Wort „Porno" negativ besetzt. PorYes hingegen soll verdeutlichen, dass zwar Pornografie gemacht wird, allerdings auf eine andere Art und Weise.[269] Sie sieht allerdings auch, dass gerade in der Öffentlichkeit und besonders durch entsprechende Medienberichterstattungen noch nicht angekommen ist, dass Feminismus „A vielfältig ist, B Feminismus und Porno zusammen funktionieren

264 Anhang: Moritz.

265 Ebd.

266 Anhang: Toni Karat.

267 Ebd.

268 Siehe Kapitel 3:1: „Online Befragung".

269 Anhang: Laura Méritt

und C es viele Mittel und Möglichkeiten gibt, Feminismus umzusetzen"[270]. Auch Toni Karat sieht das Problem, dass Feminismus oft negativ konnotiert wird und wünscht sich eine Zukunft, in der Feminismus überflüssig geworden ist.[271] Moritz hingegen spricht eine gewisse Doppelmoral an und ist der Meinung, dass einige Feministinnen eigentlich doch wollen, dass „der Mann die Hosen anhat"[272].

Laura Méritt wirkt dem Vorurteil entgegen, indem sie selbst in die Öffentlichkeit tritt und das an Orten, an denen auch der „Mainstream" verkehrt, denn „die Subkultur weiß meistens schon Bescheid". So findet der PorYes-Award in dem renommierten Hebbel Theater am Ufer, in der alt eingesessenen Bildungsinstitution Urania und an der Humbold Universität zu Berlin statt und ihr feministischer Sex-Toy-Shop ist mitten in einer Berliner Haupt-Shopping-Meile zu finden. Das Konzept scheint aufzugehen, denn laut Méritt erfreut PorYes sich eines immer größer werdenden öffentlichen Interesses. So wächst das Publikum beim Award stetig und auch die Medienberichte veränderten sich im Laufe der letzten 10 Jahre zum Positiven: „Nicht nur, weil Sex und Porno sowieso interessant sind, sondern diese Kombination von Feminismus und Sex und Porn." Sie findet nicht, dass das Label „feministisch" zu vorbelastet ist. „Feministisch ist automatisch fair und ethisch. Warum soll ich das Wort „feministisch" nicht nehmen? – Wir kämpfen seit 100 Jahren. [...] Feminismus ist ein langer Prozess"[273]. Gleichzeitig betont sie, dass es nicht nur ein Label brauche und es sehr wichtig ist, mit verschiedenen Mitteln die verschiedenen Ebenen zu durchdringen. Ein einziges Label wäre ihrer Meinung nach eine Reduktion.

3.3.6 Die Zukunft des Pornos?

Der Blick in die Zukunft variiert bei den Expert*innen ebenfalls enorm. Laura blickt in die Vergangenheit, enthält ihre Vision für die Zukunft. Die Sexspielzeug-Industrie hat sie laut eigener Aussage bereits revolutioniert, „jetzt sind die Filme dran"[274]. Dafür fordert sie einen generell offeneren Umgang: „Insgesamt darf mehr geredet werden. Über Sexualität und die eigenen Vorstellungen und die eigenen Brillen."[275] Aber auch konkret geht sie davon aus, dass die Nachfrage nach feministischer, fairer, ethischer

---

270 Ebd.

271 Anhang: Toni Karat.

272 Anhang: Moritz.

273 Anhang: Laura Méritt.

274 Ebd.

275 Ebd.

Pornografie weiter ansteigen wird und vergleicht dieses Phänomen mit dem Bewusstsein für gutes Essen und das Aufkommen von Bioläden in den vergangenen Jahren. Auch Toni Karat findet: „Da ist noch sehr viel Luft nach oben. Das gerade hier ist erst der Anfang“[276] und ist sich ziemlich sicher, dass in nächster Zeit noch viel passieren wird.

Moritz ist der Meinung, dass es alles, was es heute gibt, früher auch schon gab und sieht demnach in eine gleichbleibende Zukunft: „Abgesehen von der Auflösung und eventuell der VR Brille bleiben die Sparten wie die Vorlieben der Zuschauer und ich glaube Porno bleibt Porno, ganz normal“[277].

3.3.7 Methodenkritik

Die Interviews wurden zwar mit als „Expert*innen“ eingestuften Personen aus der Pornoindustrie geführt, geben allerdings aufgrund der Tatsache, dass es sich lediglich um drei Meinungen handelt, nur einen sehr kleinen Teil dieser wieder. Besonders zu den beiden Vertreterinnen aus dem Feminismus hätte noch eine diesem gegenüber kritisch eingestellte Stimme wie die Erika Lusts oder Lucie Blushs zu Wort kommen müssen.

Grundsätzlich wäre es für eine umfassende Auswertung der Thematik interessant und sinnvoll gewesen, die Medienberichterstattung in das Spannungsfeld der Untersuchungen von Pornografie Rezeption und Produktion mit einzubeziehen. Denn diese prägen das gesellschaftliche Bild der Realität maßgeblich mit und tragen große Teile dazu bei, für welche Themen die Gesellschaft sich in welchem Maße interessiert. Somit könnten sich auf feministische/ethische Pornografie beziehende Berichte der letzten 10 Jahren verglichen werden, um auszuloten, ob ein wachsendes Interesse seitens der Medien erkennbar ist und wenn ja, ob sich die Art der Berichterstattung im Laufe der Zeit verändert hat.

276 Anhang: Toni Karat.

277 Anhang: Moritz.

Schlusswort

Nachdem nun im ersten Teil dieser Arbeit ein theoretisches Fundament zur Pornografie im Allgemeinen, ihren Entwicklungen innerhalb der letzten Jahre und diesbezüglich agierenden feministischen Strömungen geschaffen wurde, kann dies nun mit den vorliegenden Forschungsergebnissen in Verbindung gesetzt werden, um die Chancen feministischer/ethischer Pornografie aufzuzeigen.

Es wurde dargelegt, dass der feministischen bzw. ethischen Pornografie gewisse Kriterien in Bezug auf Produktionsbedingungen, propagierte Menschenbilder und Bezahlsysteme zugrunde liegen: Deren Hauptaspekte sind Konsens, Diversität und Fairness in allen Bereichen. Anhand der Recherchen konnten die Vermutungen über die schlechten Arbeitsbedingungen in der Industrie zwar teilweise bestätigt werden, allerdings ist eine allgemeingültige Aussage über allumfassend schlechte Bedingungen in Mainstream-Produktionsfirmen aufgrund der unüberschaubaren Fülle des Angebotes unmöglich. Gerade der Bereich der Amateur-Pornografie deckt aufgrund der Selbstbestimmtheit der Akteur*innen neue Seiten auf, welche hier allerdings nicht genügend betrachtet werden konnten. Demnach wäre an dieser Stelle eine weiterführende Untersuchung speziell zu diesem Phänomen interessant, auch um herauszuarbeiten, ob gerade diese Selbstbestimmtheit dazu führt, dass die Bedingungen *tatsächlich* besser sind oder aber es durch einen Mangel an Kontrolle und festen Strukturen ins Gegenteil umschlägt.

Die Recherchen zum Unternehmen „Mindgeek" haben gezeigt, dass es sich hierbei nicht um ein reines Pornografie-Unternehmen handelt, sondern sich das Unternehmen vielmehr auf das Generieren und Verkaufen von Traffic spezialisiert hat. Die Studie hat ferner gezeigt, dass Pornokonsum zwar für viele Menschen zum Alltag gehört, die Thematisierung dessen aber in zwischenmenschlichen Beziehungen kaum stattfindet, was darauf schließen lässt, dass Pornografie sich noch immer in einer Tabuzone befindet. Folglich kann davon ausgegangen werden, dass ebenso wenig Austausch über die Hintergründe der Industrie oder aber die Existenz fair produzierter Alternativen stattfindet. Durch diese Tabuisierung verbreitet sich das Wissen langsamer als beispielsweise die Gewissheit der negativen Konsequenzen von Massentierhaltung und ihre veganen/vegetarischen Alternativen oder die Probleme der Textilindustrie und ihre Fair-Trade-Lösungen. Dies findet sich auch in Laura Méritts Aussagen bestätigt. Sie sieht eine Lösung der Problematik in freierer Kommunikation über Sexualität. Hier wird deutlich, dass selbst ein auf den ersten Blick individuelles Phänomen wie der Konsum von Pornografie an gesellschaftliche Konventionen und Diskurse gebunden ist und dass der gesellschaftliche Umgang mit ihr wiederum indirekte Auswirkungen auf Produktionsbedingungen etc. hat.

Darüber hinaus ging aus der Studie hervor, dass verschwindend wenig für Pornografie bezahlt wird: Lediglich 1% der 702 Studienteilnehmer*innen gab an, für ihren Pornokonsum zu bezahlen. Das Gratisangebot der Tube-Seiten ist enorm und die entsprechenden Plattformen verdienen am hohen Traffic, der auf den Seiten stattfindet und folglich auch an den verhältnismäßig wenigen Usern, die Bezahl-Abos abschließen. Diese Rechnung wird allerdings ohne die Produktionsbedingungen und insbesondere ohne die Darsteller*innen gemacht. Auch hier findet sich eine Parallele zu anderen Produktionsbereichen wie etwa der Nahrungsmittel- oder Kleidungsproduktion.

Auch sind Freiwilligkeit, Konsens und Produktionsbedingungen beim Konsum eines Pornos kaum herauszulesen. Zumal es sich bei feministischer und ethischer Pornografie, entgegen der gesellschaftlichen Erwartung, nicht ausschließlich um gewaltfreie Pornografie handelt. Laut den Selbstbeschreibungen des Labels besteht sogar ein viel diverseres Spektrum an Möglichkeiten, sexuellen Spielarten und Praktiken, zu denen durchaus auch BDSM-Szenen und (konsensuelle) Gewalthandlungen gehören, als im Mainstreamporno üblich ist.

Mit der voranschreitenden Digitalisierung verändert sich das gesellschaftliche Verständnis von Besitz und dessen Wertigkeit grundlegend: So konnte in den letzten 20 Jahren beobachtet werden, wie die Fülle an analogen Medien immer weiter zusammengeschrumpft ist. Mensch und Datei müssen heute nicht mehr an einem Ort sein. Das Internet und die „Cloud" halten alles immer bereit. Angefasst und tatsächlich individuell besessen werden müssen Musik, Filme und eben auch Pornos längst nicht mehr. Netflix und Spotify haben trotz der Existenz kostenloser Streamingdienste erreicht, in der Film- und Musikindustrie Ordnung zu schaffen und der Entropie der Umsonst-Angebote im Internet mit aufgeräumten, bezahlpflichtigen Alternativen entgegenzutreten. Ähnlich könnte es auch der Pornografie in einigen Jahren gehen, denn hier wäre ein sauberer, übersichtlicher Aufbau, Auswahl, Sicherheit vor Viren und Qualität gewährleistet. Diese Kriterien haben zwar noch recht wenig mit ethischen Maßstäben zu tun, dennoch gewährleisten besagte Plattformen gewisse Grundsätze in Bezug auf Altersbegrenzungen und treffen eine Vorauswahl. Durch die erst seit den 60er Jahren voranschreitende Enttabuisierung der Sexualität würde es wohl dennoch einige Zeit dauern, bis Sexualität und Pornografie so normal geworden sind, dass sich die Menschen zugestehen, ein bezahltes Abo abzuschließen, um Pornografie zu konsumieren. Auch ist die allgemeine Öffnung und Neudefinierung der Privatsphäre durch Datenspeicherung oder algorithmische Personenprofile zu bedenken. Es könnte schon bald gesellschaftlich als sicherer eingestuft werden, auf einer etablierten Pornoplattform für Pornografie zu bezahlen, als auf undurchsichtigen kostenlosen Tube-Seiten die eigene Sicherheit und Privatsphäre im Netz zu riskieren. Zudem hat die Studie ergeben, dass die Selbstbeschreibungen des Labels „feministische Pornografie" in der Regel nicht mit den gesellschaftlichen Assoziationen dessen übereinstimmen, da darunter allgemein eher Pornografie für Frauen oder „Female Friendly" verstanden wird. Somit wäre es ein nächster Schritt, das Label „feministisch" in den Hintergrund zu stellen. Feministisches Handeln in Bezug auf Pornografie will oftmals generelle ethische Standards, Gleichberechtigung, Diversität und Konsens durchsetzen. Dass es dabei in vielen feministischen Strömungen längst nicht mehr nur um die Gleichstellung der Frau geht, ist vielen nicht bewusst, was schnell zu Missverständnissen, Fehleinschätzungen oder Desinteresse führen kann. Auch gibt es nicht nur den „einen" Feminismus, wie Laura Méritt im Interview verdeutlicht. Jene Strömungen, welche sich der radikalen Machtergreifung der Frau, der Abschaffung des Patriarchats und der Entmachtung des weißen CIS-Mannes[278] verschrieben haben, bedienen sich desselben Schlachtrufes des „Feminismus" wie jene Pornograf*innen, welche ethisch korrekte, gleichberechtigte Pornografie machen wollen. Bereits das „Fem" im Label-Namen und die politische Einstellung des radikalen Feminismus machen es schwer, ein großflächiges Interesse bei potentiellen Konsument*innen zu erzeugen.[279] Dem gegenüber steht der Label-Name der ethischen Pornografie, welcher zwar bei den Studienteilnehmer*innen[280] noch recht unbekannt ist, allerdings eher das nach außen zu transportieren vermag, was sich auch tatsächlich dahinter verbirgt. Besonders in Bezug auf Produktionsbedingungen und Bezahlung stimmen die Erwartungen der Befragten mit den Selbstbeschreibungen des Labels überein.

Der Gedanke hin zu einer Gewährleistung ethisch korrekter Produktionsbedingungen der konsumierten Pornos wird ebenfalls durch den generellen Trend zu einem bewussteren Lebensstil bestärkt. Bio und Fair-Trade sind längst keine Randerscheinungen der „Hippie-Bewegung" mehr. Europaweit werden Plastiktüten in Supermärkten abgeschafft und ein wachsendes Bewusstsein über die Produktionsbedingungen der in Entwicklungsländern wie Bangladesch gefertigten Kleidung führen zumindest teilweise zu einem bewussteren Umgang mit Textilien etc. Hier könnte ein Gütesiegel für fair produzierte Pornofilme Abhilfe schaffen. Ähnlich wie beim Kauf eines Bio-Apfels würde das Siegel die von außen oft nicht ersichtliche Einhaltung gewisser Produktionsrichtlinien und Grundprinzipien sicherstellen, denn die Studie hat gezeigt, dass durchaus eine größere Bereitschaft besteht, für fair produzierte Pornografie Geld auszugeben, als es momentan bei regulär produzierter Pornografie der Fall ist. Besonders bereits an einem bewussten Lebensstil interessierte Menschen würden womöglich auf faire Pornografie umsteigen.

Bedacht sei hier allerdings, dass die Sexualität schon immer eine wichtige Rolle in der menschlichen Geschichte innehatte, sie allerdings lange Zeit einer strikten Unterdrückung und Tabuisierung seitens der Kirchen und des Staates unterlag und sich somit ein Schleier der Scham und des Verbotes über sie gelegt hat. Die Auswüchse

---

278 CIS-Gender bezeichnet Personen, deren Geschlechteridentität mit dem bei der Geburt zugewiesenen Geschlecht übereinstimmt.

279 Diese grundlegende Frage nach Definition, Differenzierung und Verwendung des Feminismus-Begriffs wäre eine weiterführende und lohnende Arbeit, die allerdings eher eine Geschlechtersoziologischen Betrachtung verlang.

280 Die Studie deckt lediglich einen eingeschränkten Teil der Gesellschaft ab, da nur Menschen mit Internet Zugang und Facebook erreicht wurden und zudem eine Vorauswahl durch den persönlichen Facebook-Bekannt*innenkreis der Forscherin und die Nutzer der Plattform „Kiel Book" getroffen wurde.

der heutigen Pornografie können als Antwort auf diese Unterdrückung gelesen werden, denn noch immer haftet ihr der Geschmack des Vulgären, Unanständigen, stets Privaten und gerade deswegen Reizvollen an. Um sie aus diesem desolaten Zustand zu befreien und auch eine gesellschaftliche Reflexion über die vorhandenen Produktionsbedingungen etc. in der heutigen Pornolandschaft zu ermöglichen, bedarf es somit einer Auseinandersetzung und Enttabuisierung der gesamten Sexualität. Auch hier setzt der feministische/ethische Porno an, indem er offen agiert: Darsteller*innen werden durch einen gewissen Personenkult aus der anonymen und gesichtslosen Masse der Sexobjekte herausgeholt und dadurch wieder vermenschlicht, Berichte über die Branche können mittlerweile beinahe weltweit in Magazinen und Zeitungen gelesen werden und viele Akteur*innen der Szene verbreiten ihre Visionen und Gedanken durch öffentliche Vorträge z. B. an Universitäten oder in „TED-Talks". Pornografie wird hier, entgegen der herkömmlichen Herangehensweise, als anerkannter und stolzer Teil der diversen menschlichen Sexualität vorgestellt und gefeiert. Dieser gesellschaftliche Gedankensprung von der Lust an Tabubruch und Unterdrückung hin zur Lust am Spektrum gleichberechtigter sexueller Erfahrungen scheint sich somit seinen Weg an die Oberfläche zu bahnen und eine tatsächliche Chance zu bieten, auch in den Köpfen der Gesellschaft anzukommen. Dass dies langsamer und komplizierter abläuft, als in anderen Bereichen einer bewussten Lebensumstellung ist somit verzeihlich, denn ein gesellschaftlicher Bruch mit einem geschichtlichen Tabu ist womöglich schwieriger als ein Tabubruch als solcher.

Literaturverzeichnis

Appelt, Markus. *Medienpsychologie.* Heidelberg: Springer, 2008.

Bader, Michael. „PorNo! Radikalfeministische Positionen gegen Pornographie." In *Pornographie. Im Blickwinkel der feministischen Bewegungen, der Porn Studies, der Medienforschung und des Rechts*, von Anja Schmidt, Herausgeber: Anja Schmidt, 11–34. Baden-Baden: Nomos, 2016.

Inside Deep Throat. Regie: Fenton/ Bailey,Randy Barbado. Produzent: Universal Pictures. 2005.

Bridges, Ana J./Wosnitzer, Robert, Scharrer, Erica und co. „Aggression and Sexual Behavior in Best-Selling Pornography Videos: A Content Analysis Update." *Sage Journals*, 10 2010.

Catuz, Patrick. *Feminismus Fickt! Perspektiven feministischer Pornographie.* Herausgeber: Matthias Marschik, Johanna Dorer, & Brigitte Hipfl. Bd. 15. Wien/Münster: LIT, 2013.

Cooper, Al. *Cybersex. The Dark Side of Force.* Philadelphia: Brunner/Routledge, 2000.

Cornell, Drucilla. *Die Versuchung der Pornographie – Gender Studies* . 1. Auflage. Frankfurt a.M.: Surkamp, 1995.

Craig, Edward, Hrsg. *Routledge Encyclopedia of Philosophy.* 1. Auflage. Bd. 7. 10 Bde. London/New York: Taylor & Francis, 1998.

—. *Routledge of Encyclopedia of Philosophy.* Bd. 7/10. London/New York: Routledge Chapman & Hall, 1998.

Döring, Nicola. „Pornographie-Kompetenz: Definition und Förderung ." *Zeitschrift für Sexualforschung* 24, Nr. 3 (2011): 228–255.

—. „Der aktuelle Diskussionsschand zur Pornografie – Ethik: Von Anti-Porno und Anti-Zensur – zu Pro Porno-Positionen." *Zeitschirft für Sexualforschung*, 2011.

Eder, Franz X. *Kultur der Begierde: Eine Geschichte der Sexualität* . 1. Auflage. München : C.H.Beck, 2002.

Inside Deep Thraot. Regie: Randy Barbato Fenton Bairley. Produzent: Universal Pictures. 2005.

Freud, Sigmund. *Beiträge zur Psychologie des Liebeslebens II. Über die allgemeinste Erniedrigung des Liebeslebens.* Bd. VIII, in *Gesammelte Werke* , von Sigmung Freud, 78–91. Frankfurt a.M.: Fischer, 1912/1999.

Hatzinger, M. „Thieme-connect.com." Urologische Abteilung, Markuskrankenhaus Frankfurt. 7. 3 2016. https://www.thieme-connect.com /products/ejournals/html/10.1055/s-0034-1392986#N65748 (Zugriff am 19. 12 2017).

Herbenick, D/ Reece, M./Sanders, SA und co. „Sexual behavior in the United States: results from a national probability sample of men and women ages 14–94." *The Journal of Sexual Medicine* 7, Nr. 5 (10 2010): 255–265.

Jones, Maggie. „nytimes.com." 7. 2 2018. https://www.nytimes.com/2018/02/07/magazine/teenagers-learning-online-porn-literacy-sex-education.html?smid=tw-nytimes&smtyp=cur (Zugriff am 18. 2 2018).

Kapeller, Susanne. *Pornographie: Die Macht der Darstellung.* Auflage 1. München: Frauenoffensive, 1988.

Krahé, Barbara, Anja Berger, Ine Vanwesenbeeck, und Gabriel und co. Bianchi. „Prevalence and correlates of young people's sexual aggression perpetration and victimisation in 10 European countries: A multi-level analysis." *Culture, Health & Sexuality An International Journal for Research, Intervention and Care*, 8. 1 2015: 682–699.

Kummer, Adrian. „Digital kommt besser." *Brand eins Wirtschaftsmagazin*, 07 2012.

Lüdtke-Pilger, Sabine. *Porno statt PorNO! Die neuen Pornografinnen kommen.* Marburg: Schüren, 2010.

Lachner, Theresa. *Kommen mit Stil – der Guide für nachhaltigen Porno.* Berlin: Lvstprinzip Publishing, 2016.

Lewandowski, Sven. *Die Pornografie der Gesellschaft.* Bielefeld: transcript, 2012.

Ley, David J. *Ethical Porn for Dicks: A Mans Guide to Responsible Viewing Pleasure.* ThreeL Media, 2016.

Müller, Anne-Janine. „Von der Höhlenmalerei zum Smartphone: zur Geschichte von Pornographie und Medien." In *Pornofizierung von Gesellschaft*, von Angela Tillmann Martina Schuegraf, 21–32. Konstanz: UVK, 2012.

Marston, C./Lewis, R. „Anal heterosex among young people and implications for health promotion: a qualitative study in the UK." *BMJ Journals* 4, Nr. 8 (7 1014).

McKee A, Albury K, Lumby C. *The Porn Report.* Melbourne: Melbourne University Press, 2008.

Moretti, Mario, und Leonard Von Matt. *Etruskische Malerei in Tarquinia.* Schauberg: Dumont, 1974.

Morgan, Robin. *Going Too Far.: The Personal Chronivle of Feminist.* New York: Random House, 1977.

Mulvey, Laura. „Visuelle Lust und narratives Kino." In *Texte zur Theorie des Films*, Herausgeber: Franz-Josef Albersmeier, 389–408. Stuttgart: Reclam, 2003.

Nikulka, Iris. „Ich will die Brüste von Katie Price." Psychoanalytische Überlegungen zum Spannungsfeld von Adoleszenz, Pornographie und Chirurgie." In *Digitalisierung, Medialisierung und Sexualisierung Vom Umgang mit Körperlichkeit und Verkörperungsprozessen im Zuge der*, Herausgeber: Josef Christian Aigner, Theo Hug, Martina Schugraf, & Angela Tillmann, 305–324. Wiesbade: Springer, 2015.

Offermann, Stefan/Steiml, Silke. „"I want the right to see a dirty picture" Die feministische Auseinandersetzung mit Pornographie von der sexuellen Revolution bis zu den Porn Studies." In *Feminismus in historischer Perspektive – Eine Reaktualisierung*, Herausgeber: Feminismus Seminar, 368–414. Bielefeld: transcript, 2014.

Ott, Michaela. „www.yeast-art-of-sharing.de." Inge Pett und Constanze Musterer. 23. 5 2016. http://www.yeast-art-of-sharing.de/wp-content/uploads/2016/05/Michaela-Ott_Es-lebe-die-dividuation.pdf (Zugriff am 18. April 2018).

Robert Wosnitzer, Ana J. Bridges, Erica Scharrer. „Aggression and Sexual Behavior in Best-Selling Pornography Videos: A Content Analysis Update." *Sage Journals* 16, Nr. 10 (10 2010): 1065–1085.

Schmidt, Anja. *Pornographie – Im Blickwinkel der feministischen Bewegungen, der Porn Studies, der Medienforschung und des Rechts.* Baden-Baden: Nomos, 2016.

Schmidt, Gunter. *Das neue DER DIE DAS. Über die Moderisierung des Sexuellen.* Gießen: Psychosozial, 2005.

Schrader, Christopher. „Vorsprung durch Porno." *Süddeutsche.* 30. Mai 2008. http://www.sueddeutsche.de/wissen/technik-vorsprung-durch-porno-1.830188 (Zugriff am 13. Dezember 2017).

Schuegraf, Martina, und Angela Tillmann. *Pornografisierung von Gesellschaft.* Konstanz/München: UVK, 2012.

Schwarzer, Alice. *PorNo – Emma Sonderband 5. Die Kampagne – Das Gesetz – Die Debatte.* Herausgeber: Alice Schwarzer. Bd. 5. Köln: EMMA Frauenverlags GmbH, 1988.

Siegel, Philip. *Drei Zimmer, Küche, Porno.* Frankfurt am Main: Campus, 2017.

Sonntag, Susan. *Kunst und Antikunst. 24 literarische Analysen.* Münschen: Hanser, 1980.

Steinem, Gloria. „Erotica and Pornography: A Clear and Present Difference." In *The Problem of Pornographie*, von Susan Dwyer, 31. Belmont: Wadsworth Publishing Co Inc, 1994.

Vance, Carole S. „Pleasure and Danger – Towards a Politics of Sexuality ." In *Pleasure and Danger: Exploring Female Sexuality*, 1–28. London: Routledge & K. Paul, 1984.

Vance, Caroline S. *Pleasure and Danger: Towards a Politics of Sexuality*. London: Boston Routledge & K. Paul, 1984.

Vogelsang, Verena. *Sexuelle Viktimisierung, Pornografie und Sexting im Jugendalter – Ausdifferenzierung einer sexualbezogenen Medienkompetenz*. Münster: Springer, 2017.

Williams, Linda. *Hard Core: Macht, Lust und die Traditionen des pornographischen Films*. 3. Frankfurt a. M.: Nexus, 1995.

Willis, Elllen. *No More Nice Girls. Contercultural Essays*. Hanover: University of Minnisota Press, 1992.

Wright, Paul J. „A Longitudinal Analysis of US Adults' Pornography Exposure." *Journal of Media Psychology* (Hogrefe Publishing) 24, Nr. 2 (2012): 67–76.

Filme

Inside Deep Throat. Regie: Fenton/Bailey,Randy Barbado. Produzent: Universal Pictures. 2005.
Hot Girls Wanted: Money Shot. Regie: Jill Bauer, Rashida Jones, & Ronna Gardus. Produzent: Netflix. 2017.
Pornocracy: Regie: Ovidie. Produzent: mindjazz. Frankreich, 2017.

Anhang

Quantitative Onlinebefragung

Fragen

1. Wie alt bist du?
2. Beschäftigung
3. Wie ernährst du dich?
4. Sexuelle Ausrichtung
5. Gender
6. Wie häufig schaust du ca. Pornos?
7. Wenn ja, wo schaust du?
8. Wenn online, auf welchen Seiten?
9. Was sind deine Lieblingskategorien?
10. Bezahlst du für Pornographie?
11. Wie zufrieden bist du mit dem bestehenden Angebot?
12. Wenn du etwas ändern könntest, was wäre es?
13. Ist Pornographie ein besprochenes Thema in deinen Freundschaften und Beziehungen?
14. Was ist dir bei einem Porno wichtig?
15. Worauf legst du besonderen Wert?
16. Hast du mal etwas von feministischer Pornographie gehört?
17. Wenn ja, wo hast du davon gehört?
18. Konsumierst du Pornographie, die unter diesem Label vermarktet wird?
19. Wenn ja, wo?
20. Was stellst du dir unter feministischer Pornographie vor? (mit vorgegebenen Antwortmöglichkeiten)
21. Was verbindest du mit feministischer Pornographie? (Freie Antworten)
22. Hast du mal etwas von ethischer, nachhaltiger oder fairer Pornographie gehört?
23. Wo hast du davon gelesen/gehört?
24. Konsumierst du Pornographie, die unter diesem Label vermarktet wird?
25. Wenn ja, wo?
26. Was stellst du dir unter ethischer/nachhaltiger Pornographie vor? (mit vorgegebenen Antwortmöglichkeiten)
27. Was verbindest du mit ethischer, nachhaltiger oder fairer Pornographie? (freie Antworten)
28. Wärst du bereit, für fair produzierte Pornos Geld auszugeben?

29. Wenn ja, wieviel?
30. Wenn nein, warum nicht?
31. Welche dieser Seiten spricht dich am meisten an? (Lustcinema.com, luciemakesporn.com, pinklabel.tv).[281]

281 Der Original-Fragebogen und die Antworten Sammlung befindet sich als PDF auf der zu dieser Arbeit gehörenden DVD.

Expert*innen Interviews

1. Laura Méritt (Initiatorin des PorYes Awards in Europa)

R: Wer bist du und was hast du mit Pornographie zu tun?

L: Ich bin Laura Méritt und ich habe 2009 den Feminist-Porn-Award hier in Europa initiiert. Ich freue mich sehr, dass es wächst und wächst.

R: Gab es viel Veränderung in den letzten Jahren?

L: Ja.

R: Kann man das irgendwie abmessen?

L: Das kann man daran sehen, wie die Presse reagiert. Wir waren letztes Jahr im Hebbel am Ufer (großes Theater in Berlin) und hatten Full-House. Das heißt 580 Leute für einen Abend. Wir haben in einem Kino in Mitte mit 300 Leuten angefangen, welches auch in den letzten Jahren immer ausverkauft war. Das zeigt, dass da nicht nur ein großes Interesse ist, sondern dass die Leute wirklich sehen wollen, was PorYes heißt. Aber auch in den Mainstream-Medien wird das sehr gerne aufgegriffen. Nicht nur, weil Sex und Porno sowieso interessant sind, sondern diese Kombination von Feminismus und Sex und Porn. Und das haben wir in den letzten 10 Jahren erreicht.

R: Wie war dein Einstieg in die Branche? Hattest du schon früher mit Pornographie zu tun?

L: Ich habe Sexklusivitäten gegründet, einen der ersten feministischen Sexshops Europas. Und natürlich guckst du nicht nur nach Sex-Toys – sondern auch nach Sex und Porn und Büchern. Und vor 30 Jahren gab es da relativ wenig. Aber die Toys haben sich ja enorm verändert – da haben wir die Sexindustrie richtig revolutioniert. Und die Filme sind jetzt die letzte Bastion und seit 10, 15 Jahren dran.

R: Und wo siehst du das in 10 Jahren?

L: In 10 Jahren wird es einfach noch mehr Aufmerksamkeit auf Fair Porn oder Feminist Porn geben. Ich sage auch extra Fair Porn – weil diese Fairness ein Begriff ist, der extrem wichtig ist. Und das wird er sein - genau wie bei Bioläden, in denen die Leute zunehmend konsumieren werden, weil sie einfach bewusster konsumieren wollen. Diese Bewusstseinsarbeit, die haben wir geleistet.

R: Also ist das Label „Fair-Porn" deiner Meinung nach der zukunftsweisendste?
L: Es braucht nicht nur ein Label.

R: Warum nicht?

L: Weil ein Label eine Reduktion ist. Es gibt auch nicht nur einen Feminismus. Ich finde total wichtig, dass mit verschiedenen Mitteln auf die verschiedenen Ebenen durchgedrungen wird. Dieses interdisziplinäre, intersektionelle, dieses überall rein, ist feministisches Vorgehen. Ich bin sehr glücklich, dass es ganz verschiedene Begriffe gibt. Und natürlich ist feministisch ethisch – feministisch ist fair. Warum soll ich das Wort feministisch nicht nehmen? – Wir kämpfen seit 100 Jahren. Wir betonen auch, dass das synonym ist. Dass das menschenfreundlich ist, dass das natürlich ist, dass das für alle Gender ist, dass es für alle Kulturen ist.

R: Aber benötigt nicht gerade das Wort „Feminismus" Hintergrundwissen, um verstanden werden zu können? Vor allem in Sachen Pornographie?

L: Jein. Also es ist natürlich noch so, dass viele Menschen mit Pornographie den Mainstream gleichsetzten und noch nicht mitbekommen haben, dass es auch was Anderes gibt. Und der Mainstream hat das Wort auch gut besetzt - nämlich negativ. Viele Frauen denken bei Porno direkt an „Spritz ins Gesicht". Wir wissen das - wir sagen ja auch „wir machen PorYes". Das ist ein anderes Wort, da wird klar, wir sind für Pornographie, es wird aber auch klar, dass es eine andere Art ist. Und natürlich gibt es noch Menschen, die das noch nicht mitbekommen haben - aber ich bin da ganz zuversichtlich.

R: Also steht PorYes PorNo entgegen?

L: Auf gar keinen Fall entgegen. Wir kämpfen ja nicht gegen. Also auch das ist eine Betonung, die wir in den letzten 5-10 Jahren gut rüber gekriegt haben, dass Feminismus vielfältig ist.

Das ist ja gerade in der Öffentlichkeit nicht so recht angekommen, wo er durch entsprechende Medienberichterstattung reduziert wahrgenommen wurde. Und sehr negativ, so als wenn Feminismus eine Partei wäre. Das ist natürlich eine politische Entscheidung, Feminismus so darzustellen und nicht als vielfältig. In den letzten 10 Jahren ist einiges passiert. A.) Ist er vielfältig, B.) geht Feminismus mit Sex und Porno zusammen; C.) gibt es verschiedene Wege, Möglichkeiten und Mittel, Feminismus umzusetzen. Feminismus ist ein langer Prozess und es ist toll, dass wir schon so viel erreicht haben und auch so viel noch erreichen werden.

R: Generell zu PorYes – wer ist die Zielgruppe?

L: Also auf jeden Fall alle. Aber in erster Linie arbeiten wir mit Erwachsenen (lacht). Die Zielgruppe sind erwachsene Menschen, die sich für eine andere Darstellung von Sexualität interessieren als der Mainstream. Und das sind viele!

R: Habt ihr vor, die Branche zu revolutionieren?

L: Ja natürlich. Na klar, das haben wir ja bei der Industrie mit den Sexspielzeugen schon hingekriegt. Jetzt sind halt die Filme dran. Eins nach dem anderen. (lacht)

Wir haben immer darauf gesetzt in verschiedenen Stadtteilen, in verschiedenen Institutionen zu sein, zu wirken. Das heißt: wir waren mit Sexklusivitäten vorher in Berlin Mitte, wo viele Touris sind, wo sich viele Leute bewegen. Also keine Subkultur in dem Sinne, das ist ganz wichtig. Weil die Subkultur meistens schon Bescheid weiß. Wir machen das ganz bewusst. Wir sind an der Humboldt Universität, wir sind im Theater…Wir sind genau an den Stellen, wo die Leute sind. Und das ist auch wichtig!

R: Baut sich das auch außerhalb Berlins aus?

L: Ja, klar.

R: Was macht ihr dafür?

L: Es gibt zum einen unglaublich viele Anfragen – nicht nur von Universitäten – sondern von allen möglichen Bildungsinstitutionen, von Frauenorganisationen sowieso. Es gibt Kongressen, es gibt zunehmend Leute, die einfach solche Veranstaltungen mit anbieten wollen. Und wir machen ja auch Ausbildungen zu sexpositiven Referent*innen, die das auch weitertragen. Und das wird eben auch politisch gefüllt mit Inhalt. Das ist nicht nur Porn gucken, das reicht nicht. Also selbst wenn du nen Film zeigst und sagst „Also guckt euch das mal an, das ist ein feministischer Porno". Die Leute sitzen da und gucken sich das an und denken sich „Okey…und jetzt?"

Es ist wichtig, in den Dialog zu gehen und zusammen zu arbeiten. Es reicht nicht, nur zu gucken.

R: Also muss das neue Label erst noch erklärt werden?

L: Ich weiß es nicht, ich würde nicht sagen, dass es an dem „neuen" Label hängt, dass was erklärt werden muss. Ich glaube, dass insgesamt mehr geredet werden darf. Über Sexualität und die Vorstellungen und die eigenen Brillen.

R: Hast du das Gefühl, dass da in den letzten Jahren etwas passiert ist? Also, dass offener über Sexualität geredet wird?

L: Naja das drüber reden ist immer noch ein Ding, das wenig passiert. Also wir haben ja jetzt im Internet tausende von Sexshops, wir haben die RTL-Gruppe, die in den Sexonlineshops drinnen steckt, die aggressive Werbung machen und und und. Wir sind jetzt wirklich so weit verbreitet. Jedes Produkt wird so groß angepriesen mit den tollsten Eigenschaften, die der Kapitalismus irgendwie zu beschreiben weiß. Da sehe ich schon, dass immer noch zu wenig „wirklich" darüber geredet wird. Jenseits von der Vermarktung.

Und ja, das ist besser geworden – Aber das ist lange noch nicht so… ich stell das halt immer wieder fest bei den Freudensalons, die wir jeden Freitag hier machen, es darf einfach noch mehr geübt werden, zu reden. Also und auch wirklich ehrlich zu reden. Und sich zu trauen darüber zu reden und festzustellen: „Oh, da habe ich ja noch eine ganz andere Sicht, das wusste ich ja überhaupt gar nicht" Allein das zuzugeben. Und diesen Space zu schaffen, dass du es zugeben darfst und es nicht beschämend ist. Da ist ja auch ein unglaublicher Profilierungsdruck dahinter, sexy zu sein, alles zu wissen, lalala. Das ist ja nicht nur bei Teenies so.

R: Wie lange dauert es noch?

L: Ich glaube, dass es immer wieder Konstellationen gibt, wie beispielsweise jetzt in Amerika, die versuchen, die Rechte zu beschneiden. Ich glaube aber nicht, dass das tatsächlich passiert – also was du hier ja jetzt gerade siehst, ist, dass der Feminismus dermaßen auf die Straße geht. Und das ist ja ne Sache die über Jahrzehnte, Jahrhunderte erkämpft wurde. Und die Frauen überall in der Welt auf die Straße gehen. Das haben sie schon übrigens immer gemacht, die Revolutionen sind von Frauen gemacht. - Wenn es um soziale Belange ging.

Von daher, das ist nicht zurückzudrehen. Das ist wie eine Urströmung, das kommt wieder hoch. Das sind ja auch diese ganzen Bewegungen zu mehr sozialem Miteinander, mehr sich spüren, das Interesse an Sexualität, das Zulassen. Das wird immer mehr. Das siehst du ja nicht nur hier – sondern insgesamt auch in den ganzen Magazinen…die sind voll davon. Zwar auf einer oberflächlichen Art und Weise. Aber sie greifen es ja auf. Und es hat sich schon einiges verändert. Und dazu hilft auch, zurückzugucken – also, wenn du zurückguckst kannst du sagen „Boah, was hat es sich schon toll geändert" – wenn du nach vorne guckst, ist man manchmal ein bisschen „Oh Gott, wie lange dauert das denn noch?!) (lacht).

2. Toni Karat (Darstellerin und Regisseurin)

R: Wer bist du und was hast du mit Pornographie zu tun?

T: Ich bin Toni Karat und habe gerade einen lesbischen BDSM Porn abgedreht.

R: Dein erster? Bzw. wie lange bist du schon in der Branche tätig?

T: Also in der Form noch nicht. Ich bin eigentlich Fotografin, wollte aber jetzt mal einen Porn machen.

R: Wie kam es dazu?

T: Es ist ein Gemeinschaftsprojekt mit meiner Loverin. Wir wollten was machen, was genau dem entspricht, worauf wir selbst stehen.

R: Hast du vorher im Mainstream gearbeitet?

T: Nö. Also ich kenne die Sachen. Aber das ist mit ein Grund, was Anderes machen zu wollen.

R: Was ist für dich wichtig am Set?

T: Also an unserem Set war es wichtig, dass es keine Crew gibt. Keine Kameraleute, keine Beleuchter… das fiel alles weg.

R: Hast du persönliche Grenzen, was du drehen willst?

T: Ich würde nichts machen, was mich selber nicht anmacht, nur weil es gut aussieht… wir machen nur Dinge, die wir selber gut finden.

R: Welches Label würdest du deinen Filmen geben?

T: Sie sind auf jeden Fall feministisch. Allein in der Art, in der ich Sex habe, ist feministisch.
Ich kann mir nicht vorstellen, dass „unfeministisch" zu tollen Ergebnissen führt, das sieht man ja in der Industrie. Das ist sehr unfeministisch, da die Frauen zum Teil nicht mal richtig angemacht sind. Die kriegen halt Geld dafür.

R: Habt ihr echte Orgasmen?

T: Ja! Ich kann mich nicht erinnern, einen Porno aus der Industrie gesehen zu haben, indem die Frau auch echt kommt. Es gibt ja teilweise auch Ejakulations-Filme, da hat man aber manchmal das Gefühl, dass das gefaked wird, indem die Frau einfach pisst. Für die Männer reicht es aber so.

R: Ich versuche einen Unterschied zwischen feministische oder ethischer Pornographie herauszufinden. Siehst du einen?

T: Weiß ich nicht... es gibt schon genug Leute, die bereits SM unethisch finden. Mit fällt es schwer überhaupt zu definieren, was „unethischer" Porn ist.

R: Es gibt ja auch Feministinnen, die ähnliches behaupten.

T: Es gibt generell Leute, die nicht verstehen, dass BDSM normalerweise sehr konsensuell abläuft.

R: Aber dennoch entscheidet ihr euch ja, unter feministischer Pornographie zu vermarkten.

T: Ich bin einfach Feministin, deswegen könnte ich mir nicht vorstellen, einen unfeministischen Porno zu drehen.

R: Braucht es denn unbedingt dieses Label? Es wird ja von der nicht komplett mit dem Thema vertrauten Außenwelt, oft auch missverstanden und mit Aussagen wie „wir machen keinen BDSM", „Männer werden vergewaltigt", oder ähnlichem assoziiert ... Schließt dieses Label nicht potentielle UmdenkerInnen aus?

T: Das kann schon sein. Es ist generell ein Problem, dass Feminismus oft so negativ konnotiert wird. Zu Unrecht - wer soll denn irgendwas gegen Feminismus haben?! Für mich muss es nicht dabeistehen, aber ich finde, so wie gerade über Feminismus diskutiert wird, gehört es dazu. Ich fände es ganz normal, nur so zu drehen. Schlimm genug, dass Feminismus noch nicht überflüssig geworden ist.

Ist mir egal, wenn das Leute abschreckt, sie sollten es sich einfach angucken.

R: Also produzierst du eher für ein „feministisches Publikum" und nicht für eine breite Masse?

T: Ich muss nicht als Wichsvorlage für irgendwelche Heterotypen, die auf Lesben stehen, dienen. Die will ich weder bekehren noch lege ich Wert darauf, dass die sich meine Arbeiten angucken.

Wenn diese durch das Label Feminismus abgeschreckt werden, habe ich kein Problem damit. Wegen denen würde ich das Label „feministisch" nicht streichen wollen, nur um wirklich jeden zu erreichen. Mir ist die Hauptsache Konsens, Konsens, Konsens, dreißig Mal Konsens.

R: Und wie sollte die PorYes Szene weitermachen?

T: Ich glaube es hilft schon viel, wenn immer mehr Menschen Porn machen. Eben, wie man es sich selbst vorstellt und da ansetzt, wo man das Gefühl hat, es fehlt etwas. Das war bei uns auch ein Beweggrund: Wir hatten sowieso Lust darauf, aber ich fand es auch toll, unabhängig von irgendjemand – von Geld, von irgendwas, einfach nur das zu machen, worauf wir Bock hatten.

Wenn es aber erstmal darum geht, damit Geld zu verdienen, muss man sich ganz andere Gedanken machen, Zielgruppen analysieren und so weiter... Sowas will ich alles gar nicht. Ich bin meine Zielgruppe und wenn jemand anderes meine Arbeiten auch gut findet, dann freue ich mich darüber.

R: Wo siehst du Porno in 5-10 Jahren?

T: Naja also da ist noch ganz viel Luft nach oben. Im Mainstreamporno sowieso – aber das ist nicht mein Feld. Da hoffe ich, dass sie, hauptsächlich innerhalb des Heteropornos, mal nach vorne gehen. Aber ich glaube da gibt es auch schon mehr... Aber gerade beim Queer Porno, lesbisch, schwul – gut, die Schwulen hatten noch nie Probleme damit, Pornos zu machen, aber gerade im Bereich queer und lesbisch gibt es immer noch zu wenig. Es kann also nur gut sein, wenn es da neue Spielarten, Strömungen und Schwerpunkte gibt. Ich habe das Gefühl, das gerade ist erst der Anfang. Da wird noch viel passieren, da bin ich mir ziemlich sicher. Und ich finde, es gibt noch zu wenig BDSM Sachen. Wäre schön, wenn da noch mehr passieren würde. Also nicht nur Fun und Political Porn, sondern ganz klar auch mal handfest.

R: Wie geht ihr mit den Tube Seiten um? Habt ihr Angst, dass eure Sachen unter einem falschen Titel umsonst dort verbreitet werden?

T: Habe ich so noch nicht überlegt... ich hoffe natürlich nicht. Aber vorerst wird mein Porn bei Festivals laufen und dort besteht die Gefahr ja erstmal nicht. Wenn man es dann weitervermarkten will, muss man natürlich darüber nachdenken... Aber ehrlich gesagt kenne ich mich da nicht genau aus, wie man es verhindert. Da habe ich wirklich keinen Bock drauf... er ist für ein Publikum, welches das auch schätzt und nicht bei einem „falschen“ Publikum in der schmuddeligen Lesben-Ecke landen soll. Was dann halt Typen gucken, die keine Lesben kennen und auch keine kennenlernen wollen, sondern nur die Körperteile sehen.

R: Danke.

Moritz

Kameramann in der Mainstream-Produktionsfirma VisitX.com

R: Wer bist du und was hast du mit Pornographie zu tun?

M: Ich bin Moritz und ich bin Producer und Kameramann in einem Unternehmen, das eine Webcam-Webseite betreibt. Und wir produzieren quasi die Werbemittel für den hauseigenen Fernsehsender. Also die Clips, die nachts bei Sport1 laufen und Beate-Uhse.

Wir haben verschiedene Vertriebsformen. Also wir haben diesen eigenen Sender, den man über Astra gucken kann oder als Livestream im Internet. Das ist aber nicht das große Ding, das ist mehr so nebenbei, weil es irgendwie cool ist, nen Fernsehsender zu haben ... Das Hauptgeschäft sind die nackten Mädels zuhause vor der Webcam.

R: Wie lange arbeitest du schon in der Branche?

M: Am 14.4 sind es vier Jahre.

R: Wie kam es dazu?

M: Ich hab Film studiert, war ein halbes Jahr bei Amazon und war damit unzufrieden, habe dann bei nem Youtube-Network gearbeitet, mich weiter beworben und eines Tages bin ich spontan zu nem Bewerbungsgespräch. Die Leute haben mir ein recht anständiges Gehalt angeboten... und am Ende haben sie mir so ein Ipad hingehalten „Ach übrigens: sowas machen wir". Und ich dachte mir: „Mh nackte Frauen, finde ich gut..." und ansonsten kann ich ja immer noch gehen, nach der Probezeit. Aber war okey.

R: War ist eure Zielgruppe?

M: Ou, schwer zu sagen (lacht). Sozial schwache Single-Männer oder sexuell frustrierte Ehemänner, würde ich jetzt mal so sagen.

Also es klingt ein bisschen hart, aber die Leute bezahlen ja richtig anständig Kohle für dieses Webcam Business. Es ist was für Leute, denen Pornographie nicht genug ist, weil es halt keine Interaktion ist, sondern nur Konsum, die sich aber nicht nur nicht mal trauen würden, eine Frau anzusprechen (-) sondern die sich nicht mal trauen in den Puff zu gehen. Ich glaube das ist unsere Zielgruppe.

R: Und wo veröffentlich ihr eure Inhalte?

M: Es gibt die Webseite, es gibt die TV Sender und es gibt verschiedene Lizenzformen für verschiedene Formate. Es gibt auch Sachen, die man bei Amazon Prime gucken kann.

R: Sind das gut produzierte Filme?

M: Filme würde ich jetzt so nicht sagen (-) das sind eher so teilweise erotische Personality-Formate, die (-) also mein Chef sagt immer „Konvertieren, was wir machen müssen ist konvertieren. Alles, was wir produzieren, muss konvertieren." Es soll am Ende immer dazu führen, dass die Leute Geld ausgeben. Mit diesen ganzen Lizenz-Geschichten machen wir am Ende eigentlich nur Miese. Wir produzieren dafür, dass wir damit am Ende nichts verdienen, relativ aufwändig. Content, der eigentlich mit Erotik wenig zu tun hat, um die Zielgruppe zu erweitern. Es heißt immer: „Wir wollen cooler und livestyliger werden" – aber - ich glaube das ist auch nur so eine Wunschvorstellung. Eigentlich klappt es nicht. Wir sind und bleiben son billiger … (lacht)

R: (lacht) Okay, aber inwiefern livestyliger? Um andere Leute zu catchen macht ihr dann auch mal ein bisschen Softporn?

M: Nicht um die Leute zu catchen. Es ist vielmehr so, dass wir versuchen, Sachen zu machen, die nicht wirklich was mit Erotik zu tun haben.

Also wenn man so hinguckt, kann man auf unserer Seite ein Premium-Abo abschließen und dann kann man da Pornos gucken – toll. Viele Leute haben aber keinen Bock, sich auf ner Pornoseite anzumelden und deswegen machen wir Sachen wie, wir fahren mit Mädels, die schwer tätowiert sind auf Tattoomessen oder wir fahren mit Lexy Rox, die extrem in der Tuning Szene unterwegs ist, auf die Eston Motor Show und sponsern den Messestand, damit unser Name da steht und produzieren mit ihr ein Format, das aber mit Erotik eigentlich nichts zu tun hat. Wir wollen halt, dass die Leute sie, im Idealfall, nur wegen des Tunings cool finden… und am Ende sagen „Ach guck mal, die gibt's auch nackt – will ich doch mal sehen".

R: Okey, habt ihr auch Content auf den Tube Seiten – Pornhub, Youporn etc.?

M: Ja, viel.

R: Raubkopiert?

M: Ja, es ist fast alles geklaut.

R: Habt ihr da eine spezielle Anzahl an Darstellerinnen?

M: Das können alle machen, die bei uns auf dem Portal angemeldet sind. Die können nicht nur Webcam machen... die können auch Clips drehen und die verkaufen. Und davon landet unglaublich viel im Internet.

Also das ist ja auch das, mit diesen Privatshopvideos, so heißt das bei uns, wird ein richtiger Haufen Kohle verdient. Und ich verstehe das immer gar nicht, weil wenn man ein bisschen googled, findet man das auch alles auf irgendwelchen Tube Seiten.

R: Aber dennoch geben genug Leute bei euch Geld aus?

M: Es ist tatsächlich so, dass die Leute auf eine gewisse Art eine soziale Beziehung zu diesen Personen aufbauen und am Ende ist es Kundenbindung. Am besten verkaufen tun nicht die Mädels, die am besten aussehen, sondern die, die bisschen quatschen können und auch noch ein bisschen Charme haben. Und natürlich, wenn die Leute jemanden kennen, sind sie auch bereit, dafür Geld auszugeben.

R: Das Freundinnen-Schema?

M: Son bisschen, ja

R: Alright. Neue Frage: Wie läuft das am Set ab – wonach entscheidet ihr, was gedreht wird?

M: Wir haben Drehpläne, die wir uns vorher überlegen.

R: Wonach?

M. Eigentlich nach Lust und Laune. Ich hab letzte Woche noch lustige Scherze gerissen, so nach dem Motto: „Was ist so ein klassischer Satz, den du auf der Arbeit sagst?" (Lacht)
Das war dann so: „Joa und dann setzt du dich hier hin, dann fummelst du ein bisschen, dann ziehst du dich aus und dann masturbierst du", echt ein Brüller, wenn man das auf ner Party erzählt.

Wir überlegen uns, was wir produzieren. Wir haben eine Late Night Show, die wir regelmäßig machen. Das ist ein „erotischer talk". Eigentlich nur ein bisschen Anfeuern für die letzte halbe Stunde, die man dann als Premium-Kunde sehen kann, wo es dann hart zur Sache geht. Also Lesbo Action, was auch immer. Und den ganzen Tag vorher produzieren wir ein bisschen softe Sachen, bisschen harte Sachen... Wir haben ein Format, das heißt Lust am Lesen – da werden die Mädels auf nen Sybian gesetzt und versuchen 10 Minuten lang, ein Buch zu lesen und gucken, wie lang sie das so aushalten (--) ehm, es werden Standardsachen gemacht: wir machen Fotoshootings vorm Greenscreen, die man dann nachher irgendwo verwerten kann und ehm wir machen, wenn die Mädels irgendwelche speziellen Vorlieben haben irgendwelche Fetisch-Clips…

R: Achtet ihr auch auf die persönlichen Vorlieben von den Darstellerinnen?

M: 50-50. Einige kommen und sind relativ unbedarft, sagen „Ach joa, mal gucken…" und dann bin ich auch: „Och joa, mal gucken."

Und dann gibt es so diese Standard-Dinger… Wir brauchen auf jedenfalls irgendwie einen normalen Masturbationsclip, den man in drei FSK Stufen dreht. Also am Anfang sieht man, wie sie maximal ein bisschen ihre Brüste berührt. Aber bloß keine Nippel – das muss jugendfrei sein! Das kannst du tagsüber im Fernsehen senden und dann kann die Leute dann auf die Webseite locken, bzw. kann die Leute dazu bringe um 22 Uhr nochmal einzuschalten… denn um 22 Uhr darf man ja Brüste zeigen. Das ist dann die nächste FSK Stufe und… naja, bei FSK 16 darf sie sich trotzdem nicht zu sehr an den Brüsten rumspielen – alles, was da in Richtung sexuelle Handlung geht, ist schon wieder zu hart.

Und dann machen wir noch das letzte Drittel. Das gibt es dann nur auf den Bezahl Plattformen zu sehen… und da geht es dann zur Sachen. Je nachdem, was die Mädels für Spielzeug dabeihaben, was sie so mögen…

R: Immer nur alleine? Oder auch mit Männern oder anderen Frauen?

M: Auch gerne mit einer anderen Frau. Mit Männern haben wir eher weniger, bzw. das machen die meisten irgendwie privat oder im Hotelzimmer schon selber. Da brauchen die uns nicht dafür, das soll dann auch amateurhaft aussehen. Es gibt immer mal wieder Situationen, wo sich sowas ergibt. Zum Beispiel auf Messen… dann hat man einen berühmten Darsteller da und es heißt dann: „Ja, wir drehen jetzt, wir haben gerade ne halbe Stunde hier…" so ungefähr… Es kommt auf der Venus ab und zu vor, dass man kennt die Leute und dann kommt einer und sagt: „Ey, könnt man nicht mit euch was drehen?!" und dann guckt man halt, welches Mädel ist gerade da und wer hat Bock Hardcore zu drehen. Dann sucht man sich irgendwo ne ruhige Ecke und dreht schnell ne Hardcore-Szene runter…also.

R: Okey, abgefahren…

M: Sobald es in Deutschland zu professionell wirkt, verkauft es sich nicht mehr. Also es gibt ganz klare Grenzen, dass man merkt, wenn du zu viel machst und es zu gut aussieht, kaufen die Leute es dir nicht mehr ab. Die Leute wollen dieses authentische Mädchen von nebenan sehen.

R: Wie sieht das Mädchen von nebenan aus?

M: Das ist totally random. Das kann jede sein. Und so ist halt auch die Bandbreite: du hast Mädels dabei, die sind salopp gesagt zu doof, um bei Aldi an der Kasse zu arbeiten. Und es ist okey, dass die bei uns ne Möglichkeit haben, relativ viel Geld zu verdienen ... und dann hast du auch Studentinnen dabei, die nur zwei Monate dabei sind, weil sie ihr Studium finanzieren wollen und nach zwei Monaten haben sie 25.000 Euro zusammen und sind dann wieder weg.

R: Wie bezahlt ihr?

M: Es gibt bei allen Plattformen Exklusivverträge und Abmachungen, je nachdem, wenn du nur bei uns sendest, kriegst du mehr Revenue Sharing, also du kriegst von allen Einnahmen, die du generierst 60% oder 70%. Ich glaube bei 65% ist Ende der Fahnenstange. Das muss sie allerdings noch versteuern. Sie ist ja Freiberuflerin. Rechnet sich auf jeden Fall.

R: Also 25.000 für zwei Monate ist so das normale Einkommen?

M: Ist schon nicht so schlecht. Meine Kollegin im Model Department hat mal gesagt, ein durchschnittliches Mädel, das sich nicht besonders viel Mühe gibt und nicht besonders oft online ist, also keine 8-10 Stunden am Tag macht, sondern sagen wir vielleicht drei Stunden am Tag und vielleicht ein bisschen länger an den starken Tagen, also am Wochenende und am Monatsanfang, kann mit relativ wenig Aufwand locker 4.000 netto im Monat machen. Also und das ist wenig. Also die Guten machen – ich nenne jetzt keine Namen, aber es gibt welche, die sich beschweren, wenn sie weniger als 75.000 im Monat einnehmen und dann sagen: „Läuft nicht so gut bei mir zurzeit"

R: Wie lange sind die ungefähr im Business?

M: 3-4 Jahre so. Die nehmen es aber auch wirklich ernst. Marketingtechnisch, Facebook-Seite, eigene Webseite, die nehmen es wirklich ernst als Business. Viele kommen sehr schnell auf so einen Party-Livestyle und sind nach 1,5 Jahren völlig verkokst und können nicht mehr. Aber die, die es ernst nehmen und wirklich Business machen, sind nach 2 oder 3 Jahren mehrfache Millionäre und können aufhören für den Rest ihres Lebens.

R: Habt ihr Frauen am Set?

M: Prinzipiell ja. Also zurzeit bei und im Team nicht. Also es ist eine Kollegin da, die macht die Model Betreuung, die ist auch immer mal wieder dabei. Aber im Grunde mache ich die Produktion und sie stellt mich quasi vor und sagt „Hey, das ist Mo, der ist hier unser Kasper und wenn irgendwas ist, kannst du gerne Bescheid sagen." das ist diejenige, wo sich dann alle beschweren, wenn ich mich danebenbenommen habe. Ehm wir hatten aber in nem größeren Team in der Zentrale in Frankfurt... da wechselt das Team in letzter Zeit relativ viel...aber da hab ich auch schon mit Frauen zusammen gearbeitet.

R: Auch in den höheren Rängen?

M: Ja, also alles dabei. Ich habe das Gefühl, bei uns arbeiten eigentlich mehr Frauen, als Männer. Human Ressource und so. Inzwischen sogar sind in der Hauptproduktionsabteilung hauptsächlich Frauen... Nur so die Programmierer-Ecke sind glaube ich fast ausschließlich Männer.

R: Produziert ihr explizit für ein weibliches Publikum?

M: Eigentlich nicht. Also wir versuchen es schon. Da treffen ja auch immer Welten aufeinander. Wir versuchen schon immer gerne, nicht so plump daherzukommen. Aber eine echte weibliche Zielgruppe haben wir eigentlich nicht so richtig.

R: Macht ihr euch Gedanken über gewisse Rollenbilder, die ihr propagiert?

M: Boah, das ist ein ganz schön schwieriges Thema... Es gibt ja immer so Sparten. Und ich glaube, viele Männer würden gerne mehr ihre dominante Seite ausleben, als sie es tun. Und weil das nicht geht, holen sie sich halt im Porno die Ersatzbefriedigung und gucken sich dann halt solche feministisch nicht okeyen Sachen an. Wobei mir halt auch schon Feministinnen gesagt haben, dass die Frauen, wenn sie es nicht auch ein bisschen geil finden würden, würden sie ja nicht zu solchen Drehs gehen. Die wissen ja, was da passiert. Und.... Ah, das ist jetzt schon wieder sehr sexistisch... ich hab auch schon wieder sehr viele Frauen, Feministinnen kennen gelernt, die auch irgendwie diese Doppelmoral inne hatten. Auf der einen Seite möchten sie als Frau total respektiert werden. Aber im Bett wollen sie schon, dass der Mann die Hosen anhat und sagt, wo es langgeht. Ich glaube es ist so ein bisschen dieses „Lieschen Müller regt sich über Pornos auf, aber heimlich wird dann hinten rum doch ein bisschen geguckt". – Natürlich gibt es Sachen, die einen ästhetisch höheren Anspruch haben... Ehm es ist immer die Frage, wo will man damit hin und was möchte man persönlich damit erreichen.

Und ich habe häufig das Gefühl, wenn man so „schöne" Pornos macht, dann seh ich da einfach sehr viel Produktions-Budget, ich kann sehen, wie gut das Licht ist, ich kann sehen, dass niemand schwitzt und es ist einfach so „Okey, ich weiß wie das aussieht: da stehen 30 Leute am Set und es ist halt nicht, dass die Leute da ernsthaft Spaß haben, sondern sie stellen irgendwas dar, was auch ihr Job ist... ich kaufe es ihnen aber nicht ab.

Und wenn ich mir jetzt irgendwelche harten, sadistischen Pornos angucke und die Frau es nicht gut findet, ist es ja immer noch irgendwie Konsens, die hat ja dafür unterschrieben, und ist freiwillig da... aber dass es ihr in dem Moment nicht gefällt ist glaube ich schwieriger zu spielen. Von daher halte ich es für ein bisschen authentischer.

R: Also bei euch: Machen die Frauen das wegen des Geldes oder weil sie Bock draufhaben?

M: Überschneidet sich manchmal... Von „Boah geil, ich hab Bock, Kohle zu verdienen"... die machen es ja in dem Sinne auch freiwillig. Die sind meistens in dem Sinne ein bisschen schüchterner, sag ich mal. Da darf ich mein Maul nicht so weit aufreißen und zu harte Sprüche bringen ...

Die, die wirklich Bock drauf haben und echt exhibitionistisch veranlagt sind, mit denen dreht sich das von alleine weg. Manchmal sind Mädels da, die sind so witzig, da habe ich das Gefühl, wir sitzen hier den ganzen Tag und machen Witze und zwischendurch sag ich: „Zieh doch mal deinen Schlüpfer aus und steck nen Dildo rein" und im Endeffekt macht man einfach alles lustig, hat nen guten Tag und am Ende wird Pizza bestellt. Joa ... also es ist nicht so, dass ich hier das Gefühl hab ... Naja ... manchmal gibt es so Mädels, die zicken ein bisschen. Die sagen „Ja, das war aber nicht abgesprochen, dass wir sowas machen mh hm hm ..." aber natürlich war das vorher abgesprochen und ich weiß das und die haben das auch schon unterschrieben und die haben ja den Vertrag vorher zugeschickt bekommen. Mache zieren sich einfach ein bisschen oder haben nen schlechten Tag... passiert ja auch mal... und dann macht man halt nen bisschen weniger. Also weißt du wenn ich zwei Mädels da hab, dann mach ich halt mehr mit der, die gerade Bock hat und die andere hat dann halt mehr Pause und langweilt sich mehr. Und am Ende kommt auch weniger gutes Material von ihr rum, was ja wiederum Werbung für sie ist. Das tut mir dann immer ein bisschen Leid für die Mädels, die richtig Bock haben, wenn dann eine da ist, die so die Stimmung runterzieht.

Das macht auch einen Teil unseres Images aus... wie die Produktion bei uns läuft, dass es entspannt ist. Naja, das spricht sich ja rum, wenn eine Produktion scheiße ist und die keinen Bock mehr haben mit uns zu arbeiten, dann kommen die nicht mehr wieder und wir verdienen nichts mehr an denen. Also einer der ersten Sätze, die ich immer zu den Mädels sage auf Produktion, ist „Macht euch mal keinen Stress so, heute ist Produktion. Ihr habt keinen Bock auf Stress und ich habe auch keinen Bock, euch zu stressen. Wir machen einfach so weit wie wir kommen, ganz entspannt". Und das funktioniert immer – auch wenn man mal 2 Stunden zurückhängt, kann man trotzdem nochmal ne Pause machen. Das wichtigste ist, dass gute Stimmung herrscht.

R: Und wie macht ihr das?

M: Joa Schapps, ne?! Also es ist häufig so: nackig sein vor der Kamera und irgendwelche Masturbationsgeschichten, finden die meisten immer einfach, dann haben wir allerdings abends immer unsere Late-Night-Schiene, die dann live im TV läuft und da sind viele furchtbar aufgeregt... Und da gibt's vorher dann mal nen Sekt, oder zwei oder, wenn die Leute Lust haben dann auch mal nen Schnaps... Also die Basis ist halt irgendwie nett und freundlich sein und wenn die dann immer noch schüchtern sind, dann gibt's halt nen Sektchen. Wir geben uns Mühe, alle Bedürfnisse zu erfüllen: Essen Trinken, aufs Klo gehen, Raucherpause – alles geht immer. Eh, ja also wir haben immer Catering am Set.

R: Wie viele Leute seid ihr am Set?

M: Tagsüber mache ich fast alleine... also ich habe noch einen Kollegen, der mir hilft. Also wenn der Sybian bedient werden muss oder was umgebaut werden muss...

R: Was ist der Sybian?

M: Sagt dir nichts? Herrlich! Sybian ist so ein Masturbationshocker. Ein halbrundes Ding, wo auf der Oberseite ein Pinöpel ist, wo man verschiedene Aufsätze drauf tun kann. Entweder einen nachgeformten Penis oder auch eine Matte mit Noppen dran und da setzt sich die Frau halt drauf... und das Ding hat 1600 Watt und der Hersteller gibt eine Orgasmus-Garantie.

R: Und das klappt?

M: Es hat halt immer damit zu tun, wie sehr man sich gehen lassen kann... Ich kenn Mädels, die sind irgendwie aufgeregt oder findens uncool nen echten Orgasmus zu haben am Set.

R: Okey. Ist es eher Gang und Gäbe, dass die Frauen keinen richtigen Orgasmus haben?

M: Es kommt immer auf die Mädels an. Die, die eigentlich nicht cool damit sind, was sie machen, die finden es auch nicht geil, nen echten Orgasmus am Set zu haben. Die, die es cool finden... also ich habe schon erlebt, dass Frauen eher skeptisch waren und dann ihren ersten multiplen Orgasmus hatten auf diesem Ding.

R: Hast du in den letzten Jahren Veränderungen gesehen in der Industrie?

M: Schwierig. Wenn man da drin ist, bekommt man einen tieferen Einblick. Aber prinzipiell bleibt alles immer grob durchmischt. Es gibt immer die Fußfetischisten, es gibt immer die, die auf große Brüste und dicke Ärsche stehen, es gibt immer son paar Extremgeschichten. Ich glaube, im Schnitt bleibt es eigentlich eher gleich. Also zum Beispiel die ganzen Step Mom, Stepdad, sone Sachen… man versucht irgendwie solche Sachen zu tabuisieren. Ne ich glaube, das gabs auch schon immer.

R: Und wo siehst du das in 5 oder 10 Jahren?

M: Es war vor zwei Jahren nen großes Thema: Virtual Reality, ob das irgendwie den Markt aufmischen wird? Es gibt einen einzigen Anbieter, der sich durchgesetzt hat. Die Leute sind einfach nicht bereit, erstens Geld fürs Produkt zu zahlen und dann auch noch 700€ für so eine Brille. Ich glaube das wird sich nur im Gaming-Bereich durchsetzen, solange sich das nicht jeder für nen Zwanni kaufen kann. Als ich angefangen habe, Pornos zu gucken, da gab es alle Sachen, die es heute gibt, auch schon. Die Produktionen werden besser, alle konzentrieren sich ein bisschen mehr auf ihr Produkt, finden ein bisschen mehr ihre Nische und bleiben dann da. Und Auflösung wird kommen. Also inzwischen Filme, die 4:3 sind, da skippe ich angewidert weg. Muss schon HD sein inzwischen. Amazone Prime, die nehmen eigentlich nur noch Sachen an, die 4k sind. Das wird kommen, aber ansonsten, nee.

Da bleiben die Sparten so wie die Vorlieben der Zuschauer und ich glaube Porno bleibt Porno, ganz normal.

R: Danke

Zeitfracht Medien GmbH
Ferdinand-Jühlke-Straße 7
99095 Erfurt, Deutschland
produktsicherheit@kolibri360.de